d'Alger

ET

DES MOYENS D'ASSURER

la sécurité du territoire

DE LA COLONIE.

IMPRIMERIE DE BACQUENOIS ET APPERT,
rue Christine, n° 2.

MEMOIRE

PRÉSENTÉ A

M. LE M[al] DUC DE DALMATIE,

Président du Conseil, Ministre de la guerre,

SUR LES

MOYENS D'ASSURER

LA SÉCURITÉ DU TERRITOIRE

DE LA

COLONIE D'ALGER;

PAR

LE GÉNÉRAL BROSSARD.

Paris,

ANSELIN, SUCCESSEUR DE MAGIMEL,

Libraire pour l'art militaire, rue Dauphine, n° 9.

1833.

AVANT-PROPOS.

Le rédacteur de cet écrit a fait la campagne de la conquête ; absent d'Alger pendant le commandement de M. le maréchal Clausel, ce n'est ensuite qu'au mois de février 1833 qu'il a de nouveau quitté l'Afrique.

Il n'avait nullement conçu la pensée d'écrire ; cependant les dissidences qui déterminèrent son rappel en France, empreintes, il est vrai, de quelque peu de *ridicule* par les motifs, mais graves au fond par leur résultat, lui ayant rendu la liberté de ses opinions, il pensa qu'il pourrait être convenable de faire connaître la vérité sur l'état des choses à Alger. A son arrivée à Paris, en mars dernier, la nécessité de parler lui parut encore bien plus *imminente*, il se décida donc à donner un mémoire : cet écrit en était la conclusion.

Le retour de M. le duc de Rovigo, dans un

état de maladie qui ne laisse aucune chance de le voir de nouveau à la tête des affaires de la colonie, l'a fait renoncer à ce travail; en effet, dans ce moment, et surtout dans la position particulière de l'auteur, une critique sévère, quoique juste, des actes du commandement et de l'administration du duc; critique qui, depuis son retour, est sans but évident d'utilité, aurait beaucoup ressemblé à une attaque dirigée contre sa personne, par le seul sentiment de l'inimitié.

Toute fois, dans un moment où des opinions si diverses sur la colonie d'Alger sont émises, moment qui peut-être va décider de son sort; car enfin, l'instant est venu, où *les moindres fautes* ne peuvent être commises sans entraîner *les résultats les plus désastreux ;* il importe que tous les renseignemens soient joints au procès, et l'auteur s'est décidé à donner la partie de son travail dont l'utilité ne peut être contestée; il renferme deux choses bien distinctes, les faits et les inductions qui en ont été tirés : quant aux faits, ils sont d'une exactitude incontestable (1). Le lecteur jugera de la justesse des conséquences qui en ont été déduites.

Si le but même que l'auteur s'est proposé, ne lui a pas permis de s'abstenir de signaler quelques-unes des fautes de la dernière administration ; s'il l'a fait à découvert, quelquefois en termes francs et énergiques, tel qu'il le fallait pour convaincre ; encore pense-t-il ne pas s'être écarté des convenances que lui imposait l'état actuel de M. le duc de Rovigo, et

(1) Pour établir les titres de l'auteur à la confiance, nous transcrirons ici quelques lignes du préambule des instructions qui lui furent données par le général Berthezène, et dont le sens indique l'objet.

« Persuadé que la voie de la correspondance est tou-
« jours imparfaite, etc. etc. j'ai cru qu'un homme qui
« joindrait à des intentions droites, des lumières et des
« connaissances des hommes et des lieux, atteindrait plus
« sûrement ce but. Le soin avec lequel vous avez étudié
« les intérêts généraux et particuliers qui dominent à
« Alger, m'a engagé à vous charger de cette mission,
« aussi importante pour le pays que pour mon successeur.
« Sur toutes choses, soyez bien pénétré que cette mission
« n'a rien qui me soit personnel, etc. etc.

de l'avoir fait avec plus de modération que peut-être ce général *lui-même n'aurait pu le penser*. On remarquera à cette occasion qu'une lacune existe dans le Chapitre VIII : un tableau très-court de ses actes, mais peut-être un peu fortement tracé, s'y trouvait naturellement placé ; mais l'auteur a cru pouvoir le retrancher, pensant qu'il suffisait des faits répandus dans le texte de l'ouvrage, pour le but qu'il s'était proposé.

L'ordre d'idées vers lequel le rédacteur, par la nature même du sujet, a dirigé ses réflexions, lui a fait concevoir la pensée de traiter de *l'établissement du pouvoir et de l'administration* française sur la régence ; le jugement qui sera porté sur cet écrit, lui donnera la mesure de ce qu'à cet égard, il lui sera permis d'oser.

d'Alger

ET DES

MOYENS D'ASSURER

LA SÉCURITÉ DU TERRITOIRE

DE LA COLONIE.

CHAPITRE Ier.

Quelques considérations générales sur la colonisation d'Alger, son but et son résultat.

Beaucoup et de très-bons esprits se sont occupés de la recherche des avantages que la France pouvait retirer de la colonisation d'Alger : cette question semblerait être hors de doute et devoir se résoudre affirmativement, si, comme on le pense en général, le développement de l'industrie est en rapport direct et nécessaire avec les produits du sol.

Les moyens à prendre et la marche à suivre

pour arriver à cette colonisation, ont fait aussi l'objet de leurs recherches : l'état présent fut leur point de départ, l'état à venir le terme et le but de leur travail.

Il suffit sans doute qu'un homme ait été sur les lieux, qu'il ait des yeux, soit doué de quelque jugement, pour qu'il puisse rendre facilement compte de l'état présent ; mais pour celui à venir, c'est pur travail d'imagination. Tout ce qu'il est possible de dire à cet égard de plus raisonnable, est que si dans les temps anciens, de nombreuses villes et des peuples puissans vivaient sur le sol de l'Afrique, le soleil et le sol étant encore aujourd'hui exactement les mêmes, il n'y a pas de raison pour que ces choses ne puissent se reproduire.

Si donc, mettant de côté toute espèce de considération, relativement à la nature des intérêts auxquels notre ordre de civilisation nous commande d'obéir et qu'il nous oblige à satisfaire, la France est décidée à faire croître et multiplier une population française sur le territoire de l'Afrique, il est hors de doute qu'elle y parviendra, et c'est le seul moyen d'y trouver une compensation aux sacrifices qu'elle sera dans le cas de faire.

Les Romains employaient du temps et des hommes, c'est-à-dire de la force : les mêmes élémens sont à notre disposition ; mais les Français sont impatiens, et le temps est la chose qu'ils donnent le moins. De plus, les peuples modernes sont philanthropes : ils voudraient ne pas user des hommes, au moins directement. Le grand développement de l'industrie, en multipliant les richesses leur en a donné la possibilité. Ainsi se déplacent les choses : il fut une époque où force était argent, aujourd'hui argent c'est force. Qu'on l'emploie donc cet argent si puissant ; mais la France n'est peut-être pas disposée à en donner beaucoup.

Ainsi, par philanthropie on répugne à employer et sacrifier des hommes.

Par économie, on voudrait ne pas donner d'argent.

Mais quelques esprits accommodans pensent, et nous sommes de leur avis, qu'il faut employer concurremment la force des hommes et celle de l'argent. En effet :

Si l'emploi de l'argent, comme moyen unique d'influence et d'exécution, était adopté, les trésors de la France s'épuiseraient peut-être pendant des siècles pour alimenter une armée d'occupation (1), avant d'avoir introduit parmi les Arabes assez de notre civilisation pour les soumettre à nos besoins.

Si au contraire, la force brutale devait seule être employée, il faudrait rentrer dans le système oppressif de l'antiquité, et faire en quelque sorte peser la loi de l'esclavage sur le peuple vaincu.

Toutefois, si la France veut coloniser Alger, elle doit s'attendre à dépenser beaucoup d'hommes, d'argent et de temps, avant d'en retirer aucun profit ; encore, pour obtenir de bons résultats, faudra-t-il que l'ordre, l'économie, la sagesse et la probité président à leur emploi.

Mais ces questions ne sont pas directement de notre compétence. Nous tenons l'épée : c'est à l'abri de sa protection que la colonie doit se fonder, prospérer et grandir. Occupons-nous de ce qui nous concerne.

Soit que l'on veuille considérer l'établissement de la colonie sous le rapport agricole ou commercial (2), ou sous tous les deux rapports à la fois, la première question à résoudre, la question vitale, c'est la sécurité du territoire : les moyens de l'obtenir font le principal objet de cet écrit.

Dans toute entreprise la connaissance complète des difficultés qu'elle présente est une des premières conditions de succès : la soumission des Arabes étant le but, la connaissance de leur caractère est indispensable, et doit précéder l'examen des obstacles matériels et physiques que l'établissement de notre domination peut et doit rencontrer.

CHAPITRE II.

Des Arabes; de leur caractère, de leur manière de faire la guerre et des obstacles que doit en éprouver l'établissement de notre domination sur eux.

Les Arabes ont une imagination vive et poétique : ils sont de tous les peuples le peuple le plus mobile, et dès-lors le plus incapable de suite dans ses projets ; c'est donc par la persévérance et la ténacité qu'on peut espérer de le subjuguer et de le soumettre à une domination régulière.

Considéré sous le rapport des chances que la guerre peut présenter, comme il passe rapidement de l'exaltation la plus grande, au découragement le plus complet, qu'il est habile à se faire illusion, que pour lui tout mouvement rétrograde de son ennemi est un triomphe, il faut adopter pour principe de ne jamais abandonner le terrain qu'on a une fois occupé.

Chaque *guerrier* combat pour son propre compte sur le champ de bataille assigné à sa tribu : cavalier ou fantassin, son courage est basé sur sa confiance dans sa force et son adresse, et il ne compte que sur lui-même.

N'ayant que des hommes isolés à opposer à nos bataillons, les Arabes fuient devant nos attaques ; mais ils sont prompts à nous suivre au moment de la retraite ; elle n'est pas toujours sans danger : les obstacles que présente le terrain forcent souvent nos masses à se désunir ; alors ils attaquent avec une grande intrépidité.

L'expérience a prouvé que si les Arabes sont en général peu à craindre, il est des cas d'exception où ils deviennent des ennemis très-dangereux.

Considérées sous le rapport de l'influence morale, de celle des institutions et du commerce, les difficultés ne sont pas moins grandes.

Religion, politique et mœurs sont une seule et même chose pour ce peuple ; l'influence commerciale est de peu d'importance, parce qu'ils ont peu de besoins : il faudrait en créer de nouveau, et pour cela pouvoir changer le climat d'abord, ensuite les mœurs, c'est-à-dire la religion qui règle tout. On voit que par la nature des choses leur civilisation à venir est soumise à des conditions qui ne permettent pas d'y penser; ou tout au moins de prendre cet espoir en aucune considération relativement à la marche qui doit être adoptée pour l'établissement de la domination française.

D'un autre côté, peuple guerrier, toujours en armes, les Arabes seront ennemis s'ils ne sont soumis ou alliés; et comme avec eux il faut toujours être en garde, que donner quelque chose à la confiance serait folie, il faut les éloigner, les tuer ou les dominer.

Les différentes considérations qui précèdent limitent aux trois hypothèses suivantes les conditions par lesquelles on peut espérer d'obtenir sécurité pour la colonie.

CHAPITRE III.

Exposé des trois hypothèses dans lesquelles on peut se placer pour obtenir la sécurité du territoire, et des obstacles matériels et physiques que leur exécution peut rencontrer. Examen des chances de succès que chacune d'elles présente.

1° Former une enceinte infranchissable;

2° Refouler les tribus au loin par l'emploi de la force;

3° Obtenir la soumission ou l'alliance des tribus les plus rapprochées, pour en faire une barrière contre les agressions de celles plus éloignées.

Trois grands obstacles sont à vaincre en Afrique, pour les opérations militaires qui peuvent y être tentées.

1° L'insalubrité du pays;

2° Le défaut de communications;

3° La difficulté de pourvoir aux besoins des troupes, au transport et à la sûreté des blessés, pendant la durée des expéditions éloignées.

Si ces causes ne peuvent empêcher un premier succès, elles sont de nature à en paralyser les résultats ; et si l'on considère la force de l'ennemi, ses habitudes guerrières, ses mœurs et son caractère, la nature du terrain sur lequel nos armées sont appelées à opérer, on tombera d'accord avec nous sur ce point, que le système d'une invasion générale ne peut, quant à présent, être adopté.

Mais rentrons dans l'examen des trois hypothèses précédemment posées.

Les obstacles que nous avons signalés rendent la première de ces hypothèses inexécutable, en dehors de limites très-rétrécies ; la seconde absolument impossible, et oblige à adopter la marche que la troisième indique.

En effet, quant à l'établissement d'une enceinte infranchissable, qui serait très-étendue, indépendamment des difficultés de l'exécution, l'insalubrité du pays suffit pour y mettre un obstacle insurmontable (3).

Autour d'Alger, le territoire habité s'arrête dans toutes les directions, à la distance de deux lieues, plus ou moins ; au-delà on n'aperçoit d'habitation que de loin en loin ; et il faut traverser un demi désert de huit à dix lieues, vers Coleah, ou vers le pied de l'Atlas, pour retrouver des populations un peu nombreuses :

les tribus qui habitent l'espace intermédiaire sont en petit nombre et faibles.

Près de Dély-Ibrahim, à l'ouest d'Alger, Berkadem sur la route de Blida, et les hauteurs en avant et à la gauche du café de Kouba, se termine la partie salubre du territoire d'Alger proprement dit. Au-delà, on entre dans la sphère d'activité des émanations délétères de la plaine.

L'expérience a prouvé, pendant l'année 1832, que déjà la chaîne de nos postes était trop étendue. L'insalubrité des points occupés avait exercé sa maligne influence, et malgré les plus grands efforts et nombre de convalescens qui voulurent marcher, le général en chef n'a pu réunir le 1er octobre 1832, sur un effectif de 15,000 hommes, au-delà de 4,000 hommes tout compris pour marcher à l'ennemi.

Pour suivre ce système il faudrait, on le voit, une augmentation de forces, hors de proportion avec l'importance des résultats, et dont il serait difficile de fixer la quotité; d'ailleurs l'intensité croissante de la maladie, à mesure qu'on avancerait dans la plaine, ne tarderait pas à la rendre insuffisante.

Si cette première hypothèse tombe par le fait seul des difficultés que présente un seul des trois grands obstacles que nous avons signalés, que dirons-nous de la seconde qui se présente face à face avec tous les trois à la fois.

Si pour refouler les tribus et les tenir éloignées de nos établissemens, vous les attaquez avec des forces considérables, elles fuiront devant vous, ne laissant derrière elles que la terre, l'air, le feu et l'eau. Obligés de traîner les blessés et les vivres à la suite de l'armée, sans moyens de transports auxiliaires, sans routes et sans communications établies, la faim, la soif et la maladie feront leur office; l'armée expéditionnaire reviendra à Alger, mais les Arabes avec elle. Les catastrophes des temps anciens deviendront de l'histoire moderne, les enfans de la France seront décimés, la gloire de la patrie compromise, ses trésors épuisés, et la France lassée abandonnera l'Afrique.

Tel sera infailliblement le résultat de toute guerre prolongée et faite au loin, avec une armée relativement trop forte pour les ressources et la nature du pays.

Si la troisième proposition doit être adoptée, si la puissance française doit se baser sur un système tout à la fois politique et militaire, qui nous ferait trouver des défenseurs parmi ceux-là même que nous avons à soumettre, il est de notre devoir de l'examiner consciencieusement avec toute maturité, et de donner aux raisons qui militent en sa faveur tout le développement dont elles sont susceptibles. Nous serons même obligés de revenir sur le passé; nous nous reporterons aux premiers événemens de la conquête. Le présent tient essentiellement au passé; il est son associé solidaire, sa conséquence inévitable. Qui veut rompre la chaîne, se trompe et se fourvoie : les événemens et les chances de ce monde ne peuvent se calculer *à priori*.

En jetant un coup-d'œil sur les administrations qui ont précédé celle actuelle, nous nous bornerons à présenter les faits, évitant autant que possible d'émettre notre opinion. Il est des personnes envers lesquelles nos éloges ou nos critiques seraient également déplacés. Si, par malheur, quelques inconvenances à cet égard nous étaient échappées, ce serait à notre insu, ou par la force seule de la nécessité : nous sollicitons pour ce cas, probablement très-rare, l'indulgence des personnes auxquelles nous venons de faire allusion. Elles nous sont trop supérieures, pour pouvoir se croire offensées par nos paroles. Il n'en est pas de même de l'administration actuelle : celle-là, nous en parlerons avec plus d'étendue et toujours avec vérité, nous le devons au pays; car elle est le nouveau point de départ qu'il est indispensable de connaître.

CHAPITRE IV.

Coup-d'œil sur les administrations qui ont précédé celle de M. le duc de Rovigo, en ce qui concerne l'établissement de la domination française sur les tribus arabes.

Commandement du maréchal Bourmont.

Lors de l'expédition contre Alger, on avait conçu la pensée de détacher les tribus arabes de la cause du dey. Des proclamations avaient été rédigées dans ce sens, et des symptômes certains annoncèrent dans les journées du 17 et 18 juin, que la marche suivie pour atteindre ce but n'avait pas été sans résultat : des Arabes se présentèrent aux avant-postes et entrèrent en pourparlers; quelques-uns même pénétrèrent dans nos lignes : les uns et les autres annonçaient une attaque prochaine, promettaient une faible coopération des leurs, même de s'éloigner entièrement du moment où l'armée serait devant Alger. Ils s'accordaient à demander à être délivrés de la domination turque ; ils en faisaient une condition de leur neutralité, et en même temps manifestaient la crainte qu'une paix intervînt entre la France et le dey ; paix qui dans cette hypothèse, disaient-ils, aurait compromis leur existence et attiré sur eux un châtiment terrible.

Enfin, le soir du 18 juin, un Arabe annonça pour le lendemain 19, une attaque générale, dont les principaux efforts devaient être dirigés sur notre extrême gauche. Cet homme appartenait à la classe la plus pauvre. Il est évident qu'il était envoyé par des personnes bien instruites, et dès-lors placées dans une haute position de commandement. Les renseignemens qu'il donna se trouvèrent de la plus grande exactitude, et les promesses précédemment faites se réalisèrent.

Ces circonstances étaient de nature à frapper vivement l'attention des chefs de l'armée française ; aussi décidèrent-elles de la conduite qui fut tenue lors de la capitulation. L'expulsion des Turcs fut arrêtée, et le jour même de notre entrée à Alger, très-inconsidérément sans doute, on fit disparaître, sans exception, toutes les autorités dépendantes du dey, sans qu'aucune influence leur fût substituée.

Ainsi en peu de jours, les tribus arabes, qu'un joug de fer et de sang avait courbées et soumises à la puissance du dey, se trouvèrent indépendantes, fort étonnées elles-mêmes de leur liberté. Toutefois si la chaîne était rompue, le bout restait au collier, on pouvait le ressaisir et faire rentrer le lion dans la loge. Mais trop occupé de sa conquête, le général français oublia cet axiôme, particulièrement applicable à la guerre, que rien n'est fait, alors qu'il reste encore quelque chose à faire.

Dans le fait de l'abandon par les Arabes de la cause du dey, il n'entrait aucun motif d'attachement ni de prédilection pour les Français : les Arabes agissaient comme la plupart des hommes, qui vont au plus pressé ; la puissance des Turcs pesait violemment sur eux ; ils voulaient d'abord s'en débarrasser à tout prix ; ils se conduisaient d'ailleurs conséquemment à la mobilité de leur esprit qui les porte la plupart du temps, sans raison et par caprice, à prendre spontanément les résolutions les plus étranges et les plus disparates.

S'ils n'avaient pas agi avec une parfaite connaissance de cause, ils ne tardèrent pas à se demander ce qu'ils devaient faire : une grande diversité d'opinions se manifesta parmi eux.

Toutefois il est certain qu'un parti considérable se prononça pour la soumission à la France. Si le général français eût su mettre à profit les avantages de sa position; s'il eût envoyé à l'assemblée qui se réunissait à Blida des négociateurs un peu adroits (les Maures et les Arabes le sont tous); s'il eût employé à établir l'influence de la France une très-faible partie des millions du trésor de la Casauba, il est plus que probable que la domination française se fût solidement établie sur toutes les tribus voisines d'Alger. Cette opinion paraît d'autant plus fondée, que leur intérêt devait les porter alors à se joindre à nous pour faire tomber les beys de Constantine, de Titteri et d'Oran.

Mais le général en chef ne fit rien, si ce n'est une promenade de plaisir à Blida : c'était au moment de la réunion projetée par les Arabes; ils s'effrayèrent de voir des troupes françaises s'approcher du point où ils se réunissaient. Une partie s'éloigna; les dissidens, c'est-à-dire ceux opposés à la paix, restèrent maîtres du terrain; une attaque contre la colonne française fut résolue, et couronnée par le succès. Nous savons ce fait de M. de Bourmont lui-même, que les chefs arabes répondirent ensuite à ses envoyés, qu'après la *victoire de Blida* il n'y avait pas dans toute l'Afrique un gardeur de bœufs qui pût traiter avec les Français.

Du commandement de M. le maréchal Clauzel.

Telle était encore notre position à l'égard des tribus, lorsque M. le maréchal Clausel prit le commandement. Après avoir fait subir à l'armée la réorganisation que les circonstances politiques exigeaient, le maréchal marcha sur Medeah. Les troupes abordèrent rudement les Arabes au col de Tenia. La résistance vigoureuse et heureuse du détachement laissé à Blida, compléta pour les indigènes la démonstration de notre supériorité, et les choses furent à peu près remises sur le pied où les avait placées la prise d'Alger.

A cette époque, une partie de l'armée fut rappelée.

La pensée de M. le maréchal Clausel nous paraît nettement exprimée par les actes de son administration.

En plaçant Constantine et Oran sous la domination du dey de Tunis, il est évident que son but avait été de commettre le soin de la sûreté d'Alger, devenue française, à un pouvoir en harmonie politique et religieuse avec la population indigène ; en attendant que la métropole pût y renvoyer ses soldats, que la colonie prît des forces, et que l'administration française pût ressaisir une autorité qu'elle ne cédait que temporairement. L'établissement d'un bey d'investiture française sur la province de Titterie, la nomination d'un aga des Arabes, complétaient ce système.

Du commandement du général Berthezène.

Sous le commandement du général Berthezène, tout semblait devoir se réduire à de moindres dimensions : le traité fait avec le bey de Constantine était rompu : le pied que l'administration précédente avait porté en avant, il avait à le reporter en arrière ; la tâche était difficile.

L'aga nommé par le maréchal Clausel avait été arrêté et envoyé en France par son ordre, il fallait rappeler le bey de Titteri, de Medeah, où était établi le siége de son gouvernement ; les faibles liens par lesquels les Arabes se rattachaient encore à notre autorité, furent de nouveau rompus dans les défilés de l'Atlas ; toutefois ils se renouèrent par la nomination d'un aga des Arabes, pris dans une famille en crédit par sa sainteté ; c'était un premier pas que l'influence personnelle du général Berthezène aurait probablement rendu plus utile, s'il eût conservé le commandement ; car sa conduite à l'égard des indigènes avait toujours été basée sur l'humanité, la probité et la bonne foi ; ils avaient une grande confiance en sa parole, et si quelques-uns le trompèrent, jamais aucun d'eux n'eut la crainte d'être trompé par lui, plusieurs des chefs de tribus lui étaient réellement attachés.

Dieu te donnera la victoire, lui disait un vieux scheick, resté le dernier près de lui à Medeah, car tu es juste et bon.

Ce général ne connut le véritable sens de ces paroles que le lendemain au col de Teniah.

CHAPITRE V.

Des actes du commandement et de l'administration du duc de Rovigo en ce qu'ils ont de particulier à l'établissement de la domination française sur les Arabes.

En prenant le commandement, le duc de Rovigo trouvait la colonie en paix avec les tribus, une armée nouvelle, parfaitement organisée, unie d'esprit et d'intention ; il succédait à une administration qui avait été guidée par un esprit droit : cette administration, réservée dans son action, avait élaboré avec sagesse et maturité les projets de l'administration précédente.

Le nouveau général en chef arrivait donc dans des circonstances heureuses : si le général Berthezène était venu pour arrêter l'effet d'une action qu'on avait jugée trop vive, son successeur venait, au contraire, pour tout activer. Aussi, malgré les préjugés que les antécédens du duc Rovigo soulevaient de toutes parts, au premier abord, tout lui fut favorable : l'armée, parce qu'elle conçut l'espoir d'exercer ses forces ; l'administration, parce qu'elle voyait étendre et régulariser ses attributions et son influence ; les spéculateurs, parce qu'ils ont tout à gagner au mouvement ; les accapareurs de terrains, parce qu'ils espéraient que l'agrandissement du cercle de l'occupation, donnerait de la valeur à leurs acquisitions et amènerait des acheteurs.

Au commencement de 1832, tout était en mouvement à Alger : des mesures administratives, sollicitées depuis long-temps, furent prises : l'administration des ponts et chaussées commença le tracé de routes nouvelles, et s'occupa de rendre les anciennes praticables aux voitures, dans les directions de Couba et de la ferme-modèle. Enfin, des camps fortifiés s'élevèrent et des routes militaires s'ouvrirent par le travail non rétribué de nos soldats.

Des menaces sérieuses d'attaque générale de la part des Arabes, annoncées et confirmées tout à la fois dès le mois de mai, par le massacre de vingt-neuf hommes de la légion étrangère (4), près de la Maison carrée, vinrent stimuler au dehors l'activité des travaux, dans l'intérêt de la défense.

Ainsi, malgré l'autorité de notre aga, des symptômes de guerre se manifestaient en 1832, bien avant l'époque ordinaire des agressions.

Ce n'était pas cependant faute d'activité diplomatique, que l'orage se formait. On assure, et le général en chef lui-même l'annonçait, que les rapports avec les tribus étaient parfaitement établis, par l'intermédiaire de plusieurs agens secrets, et de personnages influens.

Toutefois, on pense à cet égard que M. le duc de Rovigo aurait dû ne pas s'écarter des erremens du général Berthezène, accorder sa confiance à l'aga, ou accepter la démission qu'il avait donnée, plutôt que de chercher à baser son influence sur l'effet de ressorts cachés, entortillés de finesse et d'astuce : système faux, qui faisait beau jeu aux Arabes, maîtres experts en cette matière, ouvrait d'ailleurs la porte aux intrigues dirigées contre l'aga, détruisait son autorité sans profit pour l'autorité française, système désastreux qui l'a probablement poussé plus tard à la trahison.

Non-seulement, il n'est résulté de cette marche tortueuse aucun avantage d'influence ; mais le général français n'en a pas même retiré les renseignemens et les lumières qu'il s'était flatté d'en obtenir.

Les ordres de l'armée, la correspondance officielle et le Moniteur algérien, prouvent jusqu'à l'évidence que depuis le mois de mai, commencement des hostilités, jusqu'au 1er octobre suivant, le général en chef n'a jamais eu un renseignement exact sur les mouvemens qui avaient lieu dans les tribus : il semble même que ceux qui lui furent donnés, avaient au contraire pour but de le tromper : car d'une part on le laissait dans l'ignorance complète de certains faits dont la connaissance devait être générale parmi les Arabes, tandis que de l'autre, les rapports pleuvaient sur des attaques projetées qui ne se sont jamais réalisées, aussi bien que sur des faits, qui ont été depuis reconnus absolument contraires à la vérité : ainsi le 15 septembre le Moniteur algérien disait :

Alger, 15 septembre 1832.

« Toute *apparence* de guerre avec les Ara-
« bes de la montagne, est *entièrement* dissipée,
« ils se retirent *tranquillement* sur tous les
« points. On peut donc regarder cette retraite
« comme un événement d'une haute impor-
« tance, etc., etc.

« Ainsi avoir combattu le fanatisme des
« Arabes par leur propre intérêt, les avoir fait
« reculer sans combattre, lorsqu'ils étaient en
« armes, avoir opposé la population de la plaine
« à celle des montagnes, avoir préservé les
« campagnes qui doivent nous nourrir, des dé-
« vastations inséparables de la réunion d'une
« multitude désordonnée; c'est un pas immense
« fait vers la conquête de ce pays, *qui est dû*
« *en entier à la direction habile donnée de-*
« *puis* huit mois au commandement de l'ar-
« mée, etc. »

Et le 16, les Arabes étaient en force dans la plaine, nous tenant en haleine et sous les armes jusqu'au 1er octobre, époque des expéditions sur Boufarick et Coleah. Enfin pendant plusieurs mois, chaque jour nous avait apporté de la part du général en chef, des annonces d'attaque que chaque jour avait vu démentir.

Les troupes avaient constamment été en mouvement, et le duc lui-même ne s'épargnait pas; c'est une justice à lui rendre..

Quand on examine les faits et surtout qu'on en a été témoin, on est bien tenté de croire que pendant près de cinq mois les Arabes se sont joués de nous, ou plutôt ont joué avec nous à leur jeu favori, celui de la guerre, quand elle est faite à leur manière, bien entendu. Certes, ils ont eu le temps *de s'en donner à cœur joie*. Plusieurs de nos expéditions ont été tout juste, ce qu'il fallait pour les amuser.

Le projet de fourrager entre l'Arach et l'Hamise, mal mûri, mal préparé et abandonné avec raison; l'expédition contre les tribus de l'Isser, préparée avec trop d'apparat, et pour laquelle la nature des instructions données ne laissait pas même, avant le départ, l'espoir de pouvoir faire la moindre tentative d'attaque; celle d'El Ouffia seule, avait pu imprimer aux Arabes quelques craintes; mais il est douteux que sous d'autres rapports elle ait pu nous être favorable.

Il en est de même de la condamnation et de l'exécution à mort des deux envoyés de la ville de Blida, venus à Alger sous la garantie d'un sauf-conduit; nous nous en référons à cet égard au Moniteur algérien du 17 novembre, la question de sauf-conduit donné, fut discutée devant le conseil de guerre; mais c'était une affaire de bonne foi entre les accusés et le général en chef, le conseil n'avait pas à s'en occuper et ne pouvait s'en occuper. En effet, un jugement dans lequel ce moyen aurait été pris en considération, aurait été réellement et effectivement une condamnation prononcée contre le général qui les avait fait traduire au conseil de guerre (5).

Si la double expédition sur Boufarick et Coleah a mis fin aux hostilités, nous osons affirmer que ce résultat est dû aux ôtages ramenés de Coleah, autant qu'au succès du combat de Boufarick; et le général en chef sait que ce service fut rendu contre l'esprit des instructions écrites qu'il avait données; car il ignorait, ou doutait encore de la trahison de l'aga, et n'était pas instruit de l'occupation de Coleah par les tribus de Béni-Sala et de Beni-Mened.

Si de l'extérieur nous reportons nos regards sur ce qui s'est passé à Alger, nous verrons sans doute que nous en sommes de fait les maîtres; mais nous avons le droit de douter que notre influence morale ait fait de grands progrès dans l'esprit des Maures.

L'impôt forcé des laines, celui de 100,000 fr. pour assurer l'approvisionnement en grains de la ville, dont l'utilité est fortement contestée, et pour le recouvrement duquel on a été obligé de se porter à des menaces; l'exil d'Abou-derba; l'arrestation d'Amido, lieutenant de l'aga; l'oubli dans lequel sont restés le dévouement et les services rendus, notamment dans la personne de Mustapha-Ben-Omar, nommé bey de Titteri par le maréchal Clausel (6); tous ces faits ne nous paraissent pas de nature à avoir ramené les esprits. Il en est de même pour la destruction des tombeaux, aux portes Bab-al-Oued et Bab-Azoum; l'envahissement successif de plusieurs mosquées, actes sans doute motivés sur de fort bonnes raisons, mais qui ne peuvent être d'aucun poids près d'un peuple religieux jusqu'au fanatisme; enfin, un grand nombre de faits dont chaque personne assure avoir connaissance pertinente, au moins pour quelques-uns en particulier; faits que la clameur publique proclame et met à la charge de personnes qui paraissent revêtues de toute la confiance du général en chef. Rien de tout cela, nous le pensons, ne peut avoir ajouté à l'influence morale de notre administration.

L'ensemble de ce qui précède, abstraction

faite de ce qu'il peut s'y rencontrer de faux ou d'erroné, a dû, on le conçoit, soulever des préjugés, même des inimitiés contre le général en chef : car il faut le dire, à tort ou à raison, tout mal lui est directement ou indirectement attribué. En admettant même que la conviction générale ne fût basée que sur des faits mensongers et des apparences trompeuses, cette conviction n'en reste pas moins la même, et suffirait à elle seule pour établir un obstacle insurmontable aux intentions les plus droites et aux meilleures vues.

Quoi qu'il en soit, et sans entrer dans de plus grands détails, ce qui nous éloignerait du but de notre travail, nous osons affirmer :

Que le successeur de M. le duc de Rovigo, trouvera le zèle de l'armée épuisé, la dignité et la bonne renommée de l'administration militaire et civile compromises par l'intervention d'intrigans de plusieurs espèces; l'autorité et l'influence morale de l'administration française sur les Maures et les Arabes, sinon totalement détruite, au moins très-ébranlée par notre conduite à leur égard, entachée tout à la fois d'actes de faiblesse et de rigueur, de finesse et de crédulité.

Au total, l'opinion dans l'armée et la colonie semble être d'accord sur ce point, que le caractère distinctif du commandement et de l'administration du duc de Rovigo, est une impétuosité brusque, violente, irréfléchie dans les paroles et incohérente dans son action, ayant pour objet de faire prévaloir ses capricieuses volontés, indépendamment de la nature des choses et souvent en dépit de la raison, cela sans considération des moyens, du juste ou de l'injuste.

CHAPITRE VI.

Résumé des résultats obtenus par les administrations qui se sont succédées à Alger depuis la conquête, en ce qu'ils ont de relatifs à l'établissement de la domination française sur les peuples indigènes.

Dès le premier moment, l'autorité française a manqué à sa mission, en ne sachant pas profiter habilement des ouvertures faites par les Arabes, dès avant la prise d'Alger, et négligeant d'employer les moyens d'influence que pouvaient lui donner les autorités turques, que la capitulation mettait à sa disposition et dans sa dépendance.

Si, voulant satisfaire au vœu des Arabes, elle s'est décidée à détruire complètement les rapports de commandement et l'obéissance qui s'étaient établis entre les turcs et les tribus, encore ne fallait-il s'y déterminer qu'après avoir fait succéder des autorités analogues, qui faisant immédiatement sentir leur action, auraient aussi empêché ces liens de se rompre; mais rien ne leur fut substitué, et le prestige de nos premiers succès fut effacé par une expédition sur Blida, exécutée inconsidérément, non seulement sans but militaire ou politique, mais même contre des avis sagement donnés et follement rejettés.

Le système largement conçu par M. le maréchal Clauzel, soutenu par l'énergie de celui qui l'avait établi, amélioré encore par les modifications que sa capacité lui aurait nécessairement suggérées, s'est écroulé, tronqué qu'il fut par la non-ratification du traité avec le dey de Tunis, et dès-lors abandonné sans qu'il paraisse possible de le renouer.

Notre puissance sur les tribus a subi les conséquences des pas rétrogrades commandés par la nécessité sous l'administration calme et sage du général Berthezène; néanmoins, comme cette administration était basée sur la longanimité et la bonne foi, nous pensons qu'elle portait en elle-même le remède aux événemens qui avaient signalé ses premiers pas. Mais elle fut brisée au moment où probablement elle allait accomplir sa mission (7), pour être remplacée par l'administration capricieuse, violente et mystérieuse du duc de Rovigo.

Si on considère que trois années se sont écoulées depuis la chute d'Alger, que depuis cette époque les tribus ont dû s'accoutumer à l'indépendance; que des influences locales se sont établies, qui ont intérêt à la défendre, que presque tous les moyens ont été employés et sans succès faute de temps, d'expérience, ou de lumières, on conviendra que les difficultés ont du se compliquer.

D'un autre côté, ces trois années d'expérience ont appris aux Arabes le secret de notre caractère; ils doivent savoir que braves et impétueux sur le champ de bataille, nous sommes en général confians et généreux et dormons volontiers, sur nos succès; que dès-lors en cédant au premier moment à notre incontestable supériorité, et avec quelqu'apparence de bonne volonté, ils se ménagent des chances pour nous tromper et ressaisir, dans l'occasion, leur indépendance; leurs diplomates en Bernhous nous ont appris avec quelle habileté ils savaient éluder les questions, gagnér du temps et colorer leurs actes d'hostilité.

Il y a donc lieu de penser que malgré tous les antécédens que nous avons signalés, on ne trouvera pas au premier abord dans les tribus voisines d'Alger, la résistance qu'on devrait peut-être en attendre ; mais quoi qu'il en puisse être, nous osons affirmer que toute tentative qui aurait pour objet de ressaisir d'un seul coup, la puissance perdue, serait en définitive plus fatale que profitable, quel que fut au premier moment l'éclat des succès; dans les circonstances actuelles, il s'agit moins de faire de grandes choses que des choses stables. Quelque petit que soit l'avantage obtenu, il sera grand, s'il est maintenu sans jamais s'en départir.

C'est par des liens plus étroits que la force des armes, qu'il faut enchaîner les Arabes. La recherche des particularités qui peuvent favoriser cette entreprise et doivent lui servir de base, fera le sujet du chapitre suivant.

CHAPITRE VII.

Des habitudes et des intérêts des tribus arabes, considérés sous le rapport des circonstances particulières qui peuvent favoriser l'établissement de la domination française.

Aucun lien politique ne lie les tribus entre elles. Point de chef commun, qui les force à agir avec ensemble : loin de là, elles se jalousent les unes les autres, et dans les assemblées, les chefs s'entendent difficilement sur la question d'obéissance. C'est la guerre de Troie.

Dès-lors, point d'administration, partant point de trésors, de magasins, encore moins d'armées permanentes.

Tout à la fois peuple pasteur et cultivateur, l'Arabe, pendant tout le temps des travaux, celui des semailles et des récoltes, ne peut faire la guerre.

A ces diverses époques les tribus rapprochées d'Alger, sont dans notre dépendance absolue : elles ne peuvent attendre de prompts secours des autres, et nous pourrions en peu de jours détruire leurs espérances de toute l'année qui doit s'écouler.

D'un autre côté, ces mêmes tribus, par la fréquence de leurs rapports avec nous, se sont insensiblement accoutumées à notre présence : sans avoir rien pris de nos mœurs et de nos usages, elles nous sont cependant devenues moins hostiles : l'amour de l'argent, ce vieux vice des Arabes, contre-balance les préjugés religieux. Le prix des objets qu'elles portent au marché d'Alger, a, en général, plus que triplé. Elles s'enrichissent donc à nos dépens.

Non-seulement la guerre interrompt les bénéfices ; mais, en outre, elle cause des pertes : les alliés ne sont pas scrupuleux à l'égard de leurs alliés : le pays sur lequel ils passent, paie presque toujours les frais de la guerre. Les tribus voisines la craignent plus que nous ; et leur prospérité les rend l'objet de la jalousie des tribus éloignées.

Ces considérations sont si puissantes par elles-mêmes, que leur influence suffirait pour maintenir dans notre alliance ou sous notre autorité, les tribus qui bordent la plaine de la Metidja, ou habitent les premiers contre-forts du petit Atlas, si elles n'étaient contre-balancées par la crainte que leur inspirent les tribus plus éloignées : car celles-ci ne manqueraient pas de les traiter en ennemis, le jour où elles se montreraient trop évidemment nos alliées. Mais les tribus ont en elles-mêmes d'autres obstacles à la bonne volonté générale ; souvent il arrive que les chefs n'ont pas assez d'autorité pour maintenir l'ordre dans les tribus qu'ils commandent. Des confédérations (4) particulières se forment pour tenter quelqu'entreprise de brigandage (ils appellent cela sérieusement faire la guerre).

La conséquence de ce qui précède est nécessairement, que pour pouvoir mettre à profit ces circonstances, pour le faire avec justice et ne pas s'exposer à être l'occasion de quelques actes de violence, il faut absolument être en mesure de porter une protection efficace aux tribus qui se seraient placées sous notre domination. A cet égard, notre négligence et notre indifférence ont été si grandes que les faibles tribus d'El Fassi (du territoire d'Alger proprement dit), n'ont pas été protégées par nous. L'oubli de ce devoir envers elles a nécessairement entraîné à une indulgence très-grande pour les actes hostiles que ces tribus ont pu être induites à commettre, soit par l'influence de nos ennemis, soit par suite de leur mauvaise volonté particulière.

Mais non-seulement la protection a manqué et manque au dehors, mais peut-être manque-t-elle encore plus au dedans.

La police maure et les interprètes sont deux autorités qui s'entendent pour tyranniser et pressurer les Arabes. Les Maures de la ville n'échappent pas toujours eux-mêmes à leurs petites vexations : mille intrigues se lient, qui ont pour objet d'arracher de l'argent aux uns et aux autres; et il est arrivé que des chefs arabes se sont entendus avec eux, pour faire arrêter et détenir à Alger des hommes importans de leurs tribus, qu'ils jalousaient ou qu'ils voulaient tenir éloignés pendant un temps quelconque.

Quelques faits de cette nature, joints à la méfiance naturelle aux Arabes, ont empêché jusqu'ici les hommes riches et influens, ainsi que les chefs de tribus de venir à Alger; mais indépendamment du défaut de protection et de l'inquiétude qu'ils en conçoivent, une autre cause n'a pas moins contribué à les tenir éloignés : sous la puissance du dey, l'aga, leur tyran, mais aussi leur protecteur naturel, leur donnait l'hospitalité, était leur introducteur et leur faisait les honneurs de la capitale. A son tour, il devenait leur hôte.

Ces rapports de bienveillance réciproques, si puissans pour rattacher les hommes entre eux, se sont rompus. Il faut les renouer, et que la protection accordée aux individus nous attire la confiance des masses, que celles-ci trouvent à leur tour dans notre alliance sécurité pour les fortunes, la religion et les mœurs, contre nous dans la garantie de notre honneur et la protection de nos lois, contre leurs ennemis par celle de nos armes.

Depuis la conquête, l'autorité flottante et incertaine est restée sans effet, parce qu'elle était sans force et sans action, aux mains d'un aga n'ayant ni la confiance de la France ni celle de l'Afrique, dès-lors sans confiance en lui-même.

Aux Arabes plus qu'aux autres hommes, il faut des effets ; s'ils sont calmes et lents dans la démarche, ils sont prompts dans la pensée, encore plus dans les actes de justice ou de vengeance.

Donnons-leur donc un chef tel qu'ils le conçoivent ; qu'instruit par l'expérience des autres ou la sienne propre, il évite de tomber dans des fautes excusables pour le passé, impardonnables pour l'avenir ; qu'il s'empare avec habileté des moyens d'influence qui sont à sa disposition ; qu'on lui donne la force, et que pénétré de ce qu'il doit à son pays et à l'humanité tout entière, il soit juste : enfin, que sa puissance soit durable et la France respectée.

Mais dans quel rang ce chef sera-t-il choisi ? quel sera son titre et ses pouvoirs ? c'est ce qu'il faut examiner.

CHAPITRE VIII.

De l'établissement d'un Aga pris dans les rangs de l'armée ; de la nature et de l'étendue de ses pouvoirs ; de la force et de la composition du corps de troupes qui serait placé sous son commandement.

La conquête d'un pays n'est jamais une œuvre philanthropique, au moins quant aux moyens, et pour le temps dans lequel l'invasion a lieu ; la violence et l'arbitraire en sont toujours les compagnes inséparables : l'intérêt vrai et *nécessaire* du peuple conquérant est la suprême loi et devient la seule règle du juste et de l'injuste, jusqu'au moment où un nouveau contrat constitue la nouvelle société et lie les débris des vaincus avec le peuple conquérant ; mais alors la foi promise doit être d'autant plus sacrée qu'elle n'a de garantie que dans la conscience du vainqueur.

Au moment de la conquête, la France a reconnu des droits, au moins à la population du territoire de la ville d'Alger proprement dit, elle doit donc être scrupuleuse à tenir ses promesses ; d'abord par respect pour elle-même, ensuite dans son intérêt.

Si la population d'Alger peut invoquer avec justice les conditions écrites de la capitulation, et celles tacites qui résultent des actes de l'administration, depuis la chute du pouvoir du dey, il n'en est pas de même pour les tribus ; nous sommes restés à leur égard dans l'intégrité de nos droits, et si elles voulaient invoquer les antécédens, on pourrait leur répondre par l'énumération de leurs actes d'agression.

Libre ainsi de les obliger à telles conditions qu'il pourrait convenir de leur imposer et d'adopter tel système de domination que son intérêt bien entendu exigera, la France doit donc, jusqu'à un certain point, mettre de côté des scrupules d'humanité que lui inspire son haut degré de civilisation (8).

Et quelque répugnance qu'elle puisse éprouver à emprunter quelque chose à la barbarie, encore doit-elle se conformer pour le choix des moyens, *aux temps*, *aux lieux*, *aux hommes et aux choses*.

Que dirait-on d'un colon laboureur, ouvrant pour la première fois en Afrique le sol qu'il doit féconder, s'il voulait à grand'peine atteler le bœuf africain au joug du pays natal, alors qu'il pourrait, sans éprouver de résistance, lui placer aux cornes celui auquel il est accoutumé ? on lui dirait avec raison qu'il doit d'abord agir sur l'animal par les moyens qui lui sont familiers, sauf à les modifier insensiblement pour l'habituer peu à peu au joug plus léger qu'il doit porter.

Qu'il en soit donc ainsi pour les peuples Arabes ; saisissons la puissance telle qu'elle est faite, telle qu'elle se comportait en Afrique ; enfin telle que ces peuples la connaissent et la craignent ; mais sachons la leur faire aimer.

Depuis long-temps les tribus sont accoutumées à une puissance forte et terrible qui les dominait, plus encore par la crainte que par la force matérielle : moins de six cents cavaliers suffisaient pour assurer leur obéissance à l'autorité de l'aga ; le reste des forces dont il disposait était pris dans les tribus mêmes (9).

C'est cette autorité qu'il faut relever, non

dans la personne d'un indigène, mais dans celle d'un officier général français.

Le choix d'un aga maure ou arabe a été et serait encore une faute politique; sa position serait totalement fausse : placé entre l'autorité française et les indigènes, il serait l'objet des soupçons des deux partis et le but des intrigues de ces derniers pour le perdre et le supplanter. Comment oserait-il protéger? comment oserait-il punir? Ses actes de justice seraient tyrannie; ceux de protection, actesde devoir. Ni les uns ni les autres ne seraient donc appréciés à leur juste valeur : sa fidélité et son dévouement à la France lui seraient nécessairement imputée à crime. Musulman renégat pour les fidèles ou les ambitieux, il perdrait tout crédit sur la partie la plus influente de sa nation. Il ne serait pas même absous par la force de la nécessité; car, forcé par la nature des devoirs qui lui seraient imposés, à résider habituellement hors du centre de notre influence, il serait placé dans un état de dépendance éloignée, qui aurait toutes les apparences d'une indépendance réelle.

Comment résisterait-il d'ailleurs à l'animosité des autorités subalternes françaises, lorsqu'il aurait à attaquer un acte oppressif ou injuste auquel elles auraient concouru? Quelle force aurait-il pour rompre les intrigues qui pourraient se lier et qui se lient effectivement, afin de tirer secrètement de l'argent des Arabes des tribus, soit sous un prétexte, soit sous un autre.

Telle ne serait pas la position du général aga; sa fidélité et son zèle pour les intérêts de la France seraient devoir aux yeux même des Arabes; la protection accordée aux indigènes, et ses actes de justice, seraient bonté et générosité; enfin son pouvoir serait tout à la fois basé sur la force morale et celle des armes que lui donnerait son rang dans l'armée.

Ce qui a été dit des inconvéniens qui résulteraient du choix d'un aga pris parmi les indigènes, ne peut s'appliquer aux lieutenans que le général aga appellerait près de lui; comme il les tiendrait constamment sous sa main, leur état de dépendance serait patent; la nécessité de leur obéissance passive, hors de doute, les absoudrait au moins moralement aux yeux de leurs concitoyens des actes rigoureux inhérens à leurs fonctions.

Non seulement ces actes ne pourraient leur être sérieusement reprochés, mais les lieutenans de l'aga acquerraient probablement une grande influence et une grande popularité en se rendant, près de leur chef, l'intermédiaire des grâces et des faveurs qui seraient sollicitées.

Si le général aga ne devait pas être dans un état de dépendance immédiate et agir sous les yeux même du général en chef, dont il ne doit être que le bras ou l'action, les pouvoirs dont il devrait être investi, seraient nécessairement très-étendus; ils renfermeraient en eux-mêmes la puissance de protéger, de récompenser et de punir. Ces pouvoirs, on le voit, seraient immenses, puisque par la nature et le but de son institution, ils s'appliqueraient aux personnes, aux biens et aux peuples.

Mais il n'en est pas ainsi : la puissance de l'aga ne pourrait être qu'une émanation de celle du général en chef; elle serait mesurée selon la confiance que ce dernier lui accorderait; cette vérité, facile à reconnaître, était essentiellement nécessaire à bien établir pour éviter d'entrer dans la discussion du danger ou de la non-opportunité, de déléguer des pouvoirs aussi étendus, et dont le mauvais emploi aurait des conséquences très-funestes.

Il est vrai que la difficulté n'est que reculée, en ce qu'elle se reporte sur le général en chef; mais l'étendue des pouvoirs considérés dans sa personne, est une question simple et qui se résout par des principes et des attributions établis dans nos règlemens, le droit de la guerre et celui des gens; nous n'avons donc pas à nous en occuper.

Cependant, il est un point sur lequel il convient de fixer l'attention à l'avance, car il est de haute importance : nous pensons que le général aga doit être chargé, en ce qui concerne les tribus, de rendre la justice pour les délits et crimes politiques qui se rattacheraient plus ou moins directement aux droits de la guerre et à celui des gens, non par lui-même, mais par l'organe d'un tribunal ou divan, composé de ses lieutenans et des chefs arabes, dont il serait entouré; car il devrait toujours avoir près de lui, au moins deux personnages importans de chaque tribu soumise ou alliée.

Les jugemens que ce tribunal prononcerait, sous sa présidence, seraient soumis à l'approbation du général en chef, qui pourrait les approuver purement et simplement, faire grâce, en faire prononcer l'annulation par le conseil supérieur, ou les annuler lui-même le conseil supérieur entendu, selon l'étendue des pouvoirs qu'il aurait reçus.

Des personnes d'un esprit droit et d'expérience à cet égard, pensent que l'aga devrait avoir le droit d'ordonner l'exécution des jugemens hors du territoire de la ville d'Alger, au moins pour les cas de flagrant délit.

Les avantages de ce système sont faciles à apprécier : d'une part, les Arabes seraient jugés par leurs pairs, et les condamnations prononcées seraient une nouvelle garantie de la fidélité des indigènes qui auraient rempli les fonc tions de juges.

Cette manière de procéder, tout à la fois expéditive et entourée de toutes les garanties de formes désirables, serait en complète harmonie avec les antécédens, puisque l'aga des Arabes, sous l'autorité des deys, exerçait directement la justice. Cela débarrasserait en outre les conseils de guerre d'un devoir pénible et rigoureux, pour le fait duquel ils peuvent être taxés d'indulgence ou de sévérité, suivant les cas et les préventions particulières des personnes, selon qu'elles appartiennent au peuple vainqueur ou aux peuples vaincus.

Les pouvoirs effectifs du général aga, s'étendraient encore à la formation et l'organisation des corps et des forces indigènes. Les uns et les autres seraient sous son commandement immédiat et absolu; car ils doivent faire la base et le point de départ de son influence; c'est le lien le plus puissant qui puisse être établi entre les deux peuples : il est facile de concevoir tout le parti qu'une politique habile peut tirer des rapports réciproques d'intérêt et de confiance, qui doivent résulter de la réunion auprès du général aga, de toutes les notabilités des tribus, qui y seraient successivement appelées.

Quant à la force du corps placé sous les ordres du général aga, nous avons déjà présenté et discuté les obstacles qui devront être pris en considération pour en déterminer la composition.

Si, d'une part, la nature des difficultés que nous avons signalées doivent faire resserrer sa force dans les limites les plus restreintes possibles; d'un autre côté, cette force doit cependant être proportionnée à la destination de ce corps qui devra nécessairement agir isolément et se suffire à lui-même.

Nous pensons qu'un régiment de quatre bataillons, deux escadrons de chasseurs d'Afrique, une batterie d'obusiers de montagnes, et les corps arabes, doivent suffire pour tous les cas, et qu'avec ces forces le général aga pourra, lorsque le moment en sera venu, aller se placer hardiment au milieu des tribus. Cette question sera traitée dans la conclusion de cet écrit, au moins d'une manière générale, aussi bien que l'ensemble, les moyens et la marche que devra suivre le général aga pour donner et assurer une base solide à une opération d'une si haute importance et dont le non succès doublerait les difficultés pour l'avenir.

Nous avons dit que le pouvoir de l'aga était une émanation, une délégation de celui du général en chef, mesuré sur la confiance que ce dernier lui accorderait.

A cette occasion, nous sommes obligés de faire observer que la confiance devra être entière, ou que tout serait perdu, au moins bien exposé à l'être. En effet, séparé de l'armée, placé au milieu d'ennemis dangereux et d'amis peu fidèles, le général aga sera aux prises avec les plus grandes difficultés ; il faut donc qu'i puisse agir avec son caractère propre. Vouloir lui imposer des conditions et un système de conduite ; vouloir le diriger autrement que par des instructions générales, et l'astreindre, dans le détail de l'exécution, à se conformer à une direction d'idée qui ne serait pas la sienne, serait tuer sa force morale et l'autorité de commandement que donne toujours une profonde conviction.

Ces considérations qui seraient vraies en thèse générale et relativement à tout officier chargé d'un commandement de quelqu'importance, deviennent d'une application nécessaire et inévitable lorsqu'il s'agit d'une mission de cette importance et de cette nature, mission pour laquelle l'expérience manque, où les règles qu'elle a tracées sont sans application positive, dans laquelle tout est nouveau, mobile et imprévu.

L'officier général qui entreprendra cette œuvre difficile, doit s'y livrer tout entier; il doit faire le sacrifice de sa vie, de ses habitudes, de lui-même enfin : lui seul est tout, doit être tout. S'il est arrêté dans sa marche, tout est en péril. Il doit donc être investi d'une si grande confiance, qu'il semble aux yeux de tous revêtu d'une autorité presque sans limites.

CHAPITRE IX.

De la formation des corps arabes et de l'organisation des forces auxiliaires indigènes.

L'admission des Arabes dans les rangs de l'armée française peut avoir lieu sous des conditions diverses.

1° Par la formation de corps arabes, sous le commandement d'officiers et sous-officiers français, et l'admission de volontaires à la suite, recevant une solde de présence fixe;

2° Par capitulations avec les chefs des tribus, au moyen d'une somme annuelle et proportionnelle au nombre d'hommes, dont la présence serait constatée à des époques déterminées;

3° Par contingens militaires, exigés des tribus alliées; contingens qui seraient appelés au besoin, et recevraient une solde de présence.

Les avantages résultant de l'admission des indigènes dans les rangs de l'armée française, sont faciles à apprécier. Sous le rapport politique, ils forment un lien entre les deux peuples; vêtus des mêmes habits, réunis sous le même drapeau, Français et Arabes prennent quelque chose des usages particuliers à chacun d'eux : condamnés aux mêmes fatigues, exposés aux mêmes dangers, souvent obligés à se porter un mutuel secours, il doit s'établir entre les individus une fraternité d'armes, qui tend nécessairement à rapprocher les masses.

Sous le rapport militaire, les Arabes apportent dans nos rangs ce qui nous manque : la connaissance des localités, du langage et des habitudes militaires de l'ennemi.

Il est, d'ailleurs, des circonstances où leur concours est indispensable, et c'est particulièrement dans les expéditions éloignées, rapides et secrètes, que ces corps peuvent être le plus utiles.

S'il est établi en principe que les Arabes doivent être admis au service de la France, il faut céder à la nature des choses, en adopter les conséquences, et chercher dans le caractère des hommes qu'on veut attirer dans nos rangs, les conditions qui pourront les y fixer.

Le soldat français se soumet à l'autorité de la règle, l'arabe à l'autorité de l'homme ; l'influence du chef sur ce dernier est d'autant plus grande et mieux établie, que ses décisions sont promptes, énergiques et immuables. Dans un régiment français, quand le chef change, la règle reste ; dans un corps arabe, il ne reste rien : le chef était tout ; le principe de la confiance et de l'obéissance est détruit, car les hommes n'ont ni la même justice, ni la même force morale.

La conséquence nécessaire de ceci, est que les chefs de ces corps doivent avoir une autorité absolue et n'être changés que le moins possible.

Du principe de l'autorité absolue du chef, dérive cette pensée, pour les Arabes, qu'il dispose des hommes sous son commandement, à sa volonté ; et que tout ce qu'ils reçoivent, ils le tiennent de lui. Ce n'est pas que les Arabes s'imaginent que ce soit des deniers propres du chef qu'ils sont payés et entretenus ; mais ils supposent que lorsqu'il reçoit quelques sommes de l'Etat, en raison de son commandement, elles lui appartiennent, et que ce dont il dispose en leur faveur, est le fait de sa propre volonté, sans être astreint à en rendre aucun compte. Ils ne peuvent donc comprendre les règles de notre administration. Une chose surtout les choque, c'est la retenue exercée sur leur solde, quand ils entrent à l'hôpital, pour cause de maladie ou de blessures. Il leur semble injuste d'être privés de ce qui leur appartient, lorsqu'au contraire, selon leur manière de sentir, ils croyent avoir droit à une récompense.

Ce n'est donc que peu à peu que nos idées d'ordre et de méthode pourront pénétrer dans leur esprit ; il convient donc de modifier pour eux une partie des règles de notre comptabilité.

Sous le rapport de la discipline et de l'instruction, les obstacles à vaincre sont plus grands encore : mélange de paresse et d'activité, d'insouciance et de promptitude dans les résolutions, le soldat arabe appelle toute règle un tyran, tout ordre un supplice.

Aussi convient-il de ne lui imposer que des devoirs peu multipliés, et d'être peu exigeant sous le rapport de l'ensemble et de l'ordre dans les mouvemens ; mais on pourra exercer beaucoup son adresse individuelle. Il faut peut-être aussi se demander jusqu'à quel point il entre dans les véritables intérêts de l'armée, de donner aux indigènes la même instruction qu'à nos soldats.

Pour arriver aux résultats énoncés, sans que l'indulgence à leur égard nuise au maintien d'une bonne discipline parmi les Français, qui feraient partie du même corps, et au développement de leur instruction, ces corps seraient divisés en compagnies françaises et en compagnies arabes.

Sous le rapport de l'ensemble qui doit régner dans toutes les parties de l'organisation d'un corps, il serait peut-être à désirer que les Français n'entrassent pas dans leur composition ; mais les avantages qui en pourraient résulter ne compenseraient pas les inconvéniens d'avoir un corps sans noyau compacte, ne pouvant offrir dans aucune circonstance, cette défense, cette résistance collective qui donne aux nations européennes une supériorité si marquée sur les peuples de l'Afrique.

Destinés à agir isolément, à être constamment placés en première ligne, à se voir même souvent morcelés en de nombreux détachemens, l'organisation militaire et administrative de ces corps devra tendre à favoriser leur mobilité et leur morcellement ; aussi les compagnies devront avoir un plus grand nombre d'officiers, et bien que la responsabilité doive peser sur la tête du chef, afin que tout concoure à augmenter l'influence de son autorité, cependant le personnel de l'administration des corps et les règles de la comptabilité devront être établis de manière à ce que la marche des affaires administratives ne soit pas arrêtée par l'absence de ce chef.

Pour obtenir le plus grand avantage possible des dépenses qui résultent d'un état-major particulier pour chaque bataillon, leur force sera augmentée, sans toutefois dépasser les limites dans lesquelles il convient de maintenir ces bataillons pour que l'autorité du chef puisse se faire sentir jusqu'au dernier rang.

L'organisation des bataillons et escadrons de Zouaves, très-bien conçue dans le principe, sous le point de vue particulier de leur utilité militaire, n'a jamais été comprise dans ce qu'elle pouvait présenter de favorable à l'établissement et l'affermissement de la domination française, par l'étendue et la nature des relations que cette organisation bien combinée devait établir.

On ne s'était pas rendu compte que l'accomplissement en commun des devoirs militaires, étant à peu près les seuls rapports de mœurs et d'habitudes qui pussent s'établir de personne à personne, entre les Français et les Arabes, tous les efforts devaient concourir à détruire l'opposition qui existait à cet égard dans les esprits ; il est probable que ce résultat serait atteint le jour où on serait parvenu à rattacher les tribus au service militaire, par les liens de l'intérêt et de leur propre sécurité.

C'est dans un mode de recrutement, qui comprendrait tout à la fois, les conditions de protection qui leur seraient accordées, et les obligations auxquelles elles seraient astreintes, qu'on doit chercher la solution de ce problême.

Les avantages, ainsi placés à côté des devoirs, frapperaient les esprits, détermineraient la volonté; et une fois la première impulsion donnée, chaque jour amènerait une garantie nouvelle pour le lendemain : il est même certain que la soumission des tribus serait d'autant plus complète, et même d'autant plus volontaire et de meilleure grâce, que la rigueur des conditions et des règles serait hautement proclamée et fortement maintenue. On ne saurait trop le répéter, la nécessité est pour les Arabes une justification complète à l'égard de tous et d'eux-mêmes; la nécessité, c'est la volonté de Dieu!

Le système de recrutement et de formation des forces indigènes doit être combiné de façon, que nul ne puisse concevoir la possibilité d'échapper à l'accomplissement du devoir qui lui serait imposé; mais d'un autre côté, faut-il que les avantages soient aussi visibles, aussi réels que la punition paraît inévitable, afin que le baume salutaire du bienfait guérisse la blessure faite par le despotisme de la loi.

Quant au mode d'exécution, nous n'en parlerons que d'une manière très-générale, et seulement pour indiquer la direction d'esprit qui doit présider au choix des moyens. Des détails trop particuliers ne pourraient qu'embrouiller la question, que nous cherchons au contraire à simplifier.

Nous nous bornerons donc à donner ici une indication très-sommaire de l'ordre hiérarchique selon lequel le général aga nous paraît devoir exercer son commandement.

Ainsi il aura deux lieutenans français, l'un prendra le titre de commandement de l'infanterie, l'autre de la cavalerie.

Ayant égard à la division naturelle, adoptée à Alger, les tribus seront séparées en tribus de l'Est et de l'Ouest. Chacun de ces chefs militaire prendra sous son autorité l'une de ces divisions.

Chaque tribu en particulier serait placée sous l'autorité d'un officier français, sans pour cela que celle de leurs chefs naturels, les scheicks, pût en souffrir; car l'autorité de ces officiers ne s'étendrait qu'aux fonctions d'inspecteurs militaires, et on ne s'écarterait de ce principe que pour imposer à ces officiers le devoir de protection à l'égard de la tribu placée sous son inspection.

Ces officiers inspecteurs militaires seraient pris dans les corps indigènes, et tiendraient un contrôle du nombre de fantassins ou de cavaliers que les tribus fourniraient ou pourraient fournir, conformément aux trois conditions de service militaire indiquées au commencement de ce chapitre, c'est-à-dire, comme enrolés à temps ou volontaires à la suite.

Enfin, comme faisant partie du contingent militaire qui pourrait être appelé, ils veilleraient en outre à ce que les scheicks eussent toujours près d'eux le nombre de cavaliers qu'ils se seraient engagés à entretenir.

Les hommes de chaque tribu seraient, autant que possible, placés dans le même bataillon ou escadron, et ceux d'un même village dans la même compagnie.

Les capitaines et les officiers de ces compagnies seraient les protecteurs des familles de leurs soldats; la protection irait ainsi en s'élevant jusqu'au général aga. A son tour, il recevrait les chefs et les personnages influens qu'il jugerait devoir admettre, et dont il aurait toujours plusieurs de chaque tribu auprès de lui, comme nous l'avons déjà dit.

On conçoit qu'un réseau ainsi tissu, donnerait aux personnes qui en tiendraient les principaux fils, une influence morale et une autorité réelle, que tout concourrait à maintenir et à corroborer.

Les conditions qui lient les hommes par leur intérêt personnel, s'y trouvent jointes à celles qui les enchaînent par la crainte. La surveillance réciproque des tribus entre elles, et des individus à l'égard les uns des autres, serait parfaitement établie par la multiplicité et la fréquence des rapports, qui ne permettraient pas d'ignorer un seul instant ce qui pourrait se passer de contraire à nos intérêts.

Les avantages que les individus retireraient de cet ordre de chose, soit comme rang militaire, allocation de solde ou de vivres, joints aux avantages généraux et communs à tous, comme la protection efficace contre les rapines des voisins, la protection pour les terres et les pâturages, l'entrée au marché d'Alger, réservée aux seules tribus alliées; tandis que les autres ne seraient admises qu'à celui de Boufarick. Tous ces avantages, disons-nous, concourraient à consolider ce système, évidemment basé sur des intérêts réels. Enfin, une administration juste et protectrice des personnes et des fortunes, qui donnerait à tous une sécurité qui n'a jamais existé sous l'empire des deys, et n'existe pas davantage aujourd'hui ; toutes ces circonstances réunies fonderaient la puissance française, nous en avons la profonde conviction, sur des bases inébranlables.

Pour ne pas finir ce chapitre sans dissiper les inquiétudes qui peuvent s'élever sur les dépenses qui en seraient le résultat, nous dirons de suite qu'il y aurait à l'adopter économie sur les dépenses actuelles, et que d'ailleurs, au bout de deux années, non seulement ces dépenses devraient être payées par le pays, mais qu'il devrait encore rentrer de l'argent au trésor, ou des denrées dans les magasins de l'armée.

CONCLUSION.

Le caractère distinctif des choses vraies et bonnes en elles-mêmes, c'est la parfaite harmonie de leurs conséquences avec les faits qui s'y rapportent. Ainsi le système que nous désirons faire prévaloir recevrait une complète démonstration, si, dans l'examen des principes qui doivent présider à la haute administration d'Alger, nous arrivions à leur reconnaître avec ce système, les mêmes rapports de convenance qui les lient aux faits et aux observations de détail que nous avons développés dans cet écrit.

Mais cet examen nous jetterait dans un long travail, qui, indépendamment de la difficulté qu'il présente, nous éloignerait trop de la question purement militaire que nous nous sommes seule proposé de traiter. Quoi qu'il en soit, pour obéir à la nécessité que nous impose l'enchaînement naturel des idées, nous jetterons en avant, dans cette conclusion, quelques généralités sur les mesures administratives qui concourraient à compléter l'ensemble de celles que nous avons proposées.

Peut-être pourrait-on nous objecter qu'avant, et préférablement à toute autre chose, ce dernier chapitre, complément et confirmation de ceux qui précèdent, devrait contenir le développement des moyens d'exécution ; mais on a dû remarquer que, par la marche que nous avons suivie, la proposition et le mode d'exécution se sont naturellement présentés ensemble, aussi bien que par le soin que nous avons mis à appuyer l'adoption de chaque mesure proposée, en justifiant de son importance et de son utilité; enfin par la considération des causes qui pouvaient en assurer et faciliter les heureux résultats.

D'ailleurs, on conçoit que dans l'application mille circonstances doivent se présenter, auxquelles il faudra nécessairement avoir égard, et sur lesquelles notre opinion ne peut dès à présent être fixée ; il convient aussi de faire observer que des choses qui tiennent à des localités éloignées et inconnues, à des mœurs si étrangement différentes des nôtres, ne peuvent être réellement appréciées qu'au moment même, et par ceux qui les voient et peuvent en quelque sorte les suivre et les toucher. En effet, telle mesure indiquée dans cet écrit pourrait à Paris paraître bonne et d'une exécution facile qui, en Afrique, serait au rebours du sens commun. Toutefois, il est des points principaux, des conditions essentielles, qui doivent servir de règle au général aga, auxquels tout doit être subordonné, hormis les lois de la justice et de l'équité qu'on ne doit jamais enfreindre.

Chargé tout à la fois d'une mission politique et militaire, ce n'est point par la guerre qu'il devra commencer: son autorité sera en apparence toute de bienveillance et de protection, elle s'étendra de proche en proche, d'abord sans éclat, mais avec persévérance; tous ses efforts tendront à opposer l'homme à l'homme, la tribu à la tribu; et enfin les différentes nations les unes aux autres. Les occasions ne lui manqueront pas pour commettre les tribus entre elles; et pour peu que le général aga sache user de l'avantage que lui donnera une force militaire permanente, organisée pour agir à tout moment et sans entrave; qu'il soit prompt à prévenir les complots et les attaques de l'ennemi: il obtiendra bientôt cet ascendant dont l'effet, qui tient en quelque sorte du charme magique, brise par les plus légers efforts la résistance la mieux préparée. Ainsi pendant vingt années, l'armée française précédée de l'éclat de ses victoires, voyait à son approche se dissiper les plus épais bataillons et se renverser les remparts les plus inexpugnables. Enfin, pour compléter sa haute mission, le général aga, conquérant législateur, doit, il est vrai, si les tribus en appellent aux armes, les enchaîner par la force; mais avant tout, ses efforts auront pour but de les lier par les intérêts, et de les attacher à notre domination par la confiance qui naîtra de l'efficacité de notre protection et l'impartialité de notre justice.

Mais, indépendamment de toutes les circonstances que nous avons signalées, le général aga trouvera encore un point d'appui dans l'ambition et l'avarice des chefs de tribu qui, sentant leur autorité mal assurée, voudraient trouver dans notre intervention le moyen d'asseoir solidement leur puissance : pour les soumettre et se les attacher, qu'il soit toujours prêt à donner, toujours prêt à punir.

Demandez à un arabe quel est l'attribut du pouvoir, il vous répondra : l'épée; ce que doit faire un homme puissant pour être considéré de tous : du bien à ses amis, du mal à ses ennemis, et faire rentrer beaucoup d'argent dans ses coffres. Voilà les trois axiômes qui devront servir de base à la conduite du général aga. Jusqu'ici nous n'avons fait directement de bien à personne ; du mal, beaucoup plus à nos amis qu'à nos ennemis ; car nous enrichissons les tribus qui nous font la guerre, et ruinons les Maures qui nous sont soumis. Nous ne faisons pas rentrer d'argent dans nos coffres, mais nous dépensons sans résultat de très-grosses sommes. Aucune de ces circonstances, nous osons le dire, ne contribuera à nous faire aimer et respecter des Arabes.

Sans doute ce que nous proposons renferme en soi quelque chose de violent, de contraire, nous l'avons déjà dit ; au principe qui domine aujourd'hui nos théories de civilisation ; mais nous croyons avoir démontré dans les chapitres précédens la nécessité de son emploi. Dans tous les cas, ce n'est pas comme but définitif et forme permanente de gouvernement, que nous avons présenté notre système ; mais seulement comme moyen pour assurer promptement la sécurité du territoire, et arriver ensuite à un ordre légal et régulier. Aussi, en même temps que l'autorité française étendra au dehors sa puissance, elle devra préparer au centre de son influence l'ordre nouveau qui devra successivement, et dans des temps plus éloignés, amener l'émancipation générale des peuples indigènes.

La population de la régence se divise en trois nations principales et bien distinctes : les Maures, les Arabes et les Cabyles. Unies par la même loi religieuse, leurs mœurs, leurs habitudes, leurs intérêts diffèrent essentiellement sur plusieurs points importans; il y a entre ces trois peuples des oppositions frappantes, et de ces trois peuples à nous, des rapports d'intérêt qui pourraient être utilement mis à profit pour l'accroissement de notre puissance.

Comment l'autorité française a-t-elle méconnu, d'une part, la protection qu'elle devait aux Maures; de l'autre, le parti qu'elle pouvait tirer de cette nation pour en faire le point d'appui de son influence.

Si la communauté de religion rapproche les Maures des Arabes; des rapports de situation, de besoins et d'intérêts les attirent tout aussi fortement vers nous, puisqu'ils habitent des villes, sont adonnés au commerce et à l'industrie; ils nous sont soumis, et cependant les malheurs inséparables de la conquête ont pesé sur eux seuls, sans qu'ils en aient retiré aucun avantage. Nous avons, il est vrai, détruit la puissance turque; mais si d'un côté ils en étaient opprimés, de l'autre ils en recevaient protection; nous avons détruit le tyran, et n'avons pas remplacé le protecteur.

A cette occasion, une première observation nous frappe, et nous nous demandons comment, après tant d'années de guerre et d'expérience, nous avons pu négliger d'appliquer aux Maures les moyens que nous avons employés sur plusieurs peuples de l'Europe avec tant de succès.

Partout où nous avons porté nos armes, nous nous sommes empressés de réunir en assemblée, dans chaque ville, dans chaque province, les hommes puissans par leur autorité, leur fortune et leur crédit, pour nous en faire un moyen direct d'influence. C'était par eux que nous agissions; ils étaient les organes de nos volontés, les répartiteurs et les collecteurs de nos impôts; ils administraient pour nous, et nous gouvernions par eux.

Depuis long-temps; ce nous semble, cette marche aurait pu être adoptée à l'égard des Maures. Le centre de leur civilisation et de leurs relations commerciales est Alger. Cette ville renferme donc dans son sein un principe de force, un point d'appui pour dominer les autres villes de la régence; déjà unies avec elle par des rapports de commerce et d'intérêt, elles devraient s'y rattacher encore par des liens politiques. On aurait dû depuis long-temps réunir dans Alger une assemblée où chaque ville eût envoyé des députés, à l'effet d'y discuter leurs intérêts et d'y assurer leur indépendance, sous notre protection, contre les tribus voisines, souvent en hostilité avec elles. Ce moyen était naturellement indiqué par cet état d'opposition que nous avons déjà signalé.

Sans entrer dans de plus grands détails sur ce sujet, dont toutes les conséquences sont assez immédiates pour être facilement appréciées, nous dirons qu'il faut rendre aux Maures leur indépendance complète, sous le rapport politique et religieux; les laisser se gouverner par eux-mêmes, mais les astreindre aux charges publiques. Tout doit leur être restitué : les propriétés particulières possédées à quelque titre que ce soit, et les fondations religieuses; ils doivent faire un peuple à part, mais un peuple obéissant et soumis.

Cet ordre de chose aurait l'avantage de nous assurer l'entière soumission et la fidélité des villes, qui dès-lors nous serviraient d'appui dans nos expéditions contre les Arabes et les Cabyles. Le spectacle de leur indépendance, les actes de protection dont elles seraient l'objet, leur prospérité croissante, qui en serait la conséquence, comparée à l'état de dépendance dans lequel seraient les peuplades qui les environnent sous l'action rigoureuse du général aga, disposeraient les Arabes à désirer de profiter de ces avantages. Leur admission à cet état d'indépendance et de protection serait nécessairement l'objet de leurs vœux; il serait aussi la récompense de la fidélité qu'ils auraient mis à nous servir. Ainsi, la douceur de notre domination à l'égard des uns, sa rigueur à l'égard des autres, concourraient également à assurer et étendre notre puissance.

Sans doute, concilier les intérêts religieux, politiques et matériels de plusieurs peuples, présente de grandes difficultés; il y faut du temps, du zèle, de l'esprit de justice, un grand dévouement à ses devoirs, et peut-être aussi le désir de se faire un nom. Mais tout cela ne doit pas être impossible à trouver.

Quelques personnes, que ces difficultés effraient, qui les croient insurmontables, voudraient mettre de côté les principes conciliateurs, et vous disent avec une admirable hardiesse et une tranquillité d'âme plus admirable encore, qu'il faut chasser de leurs territoires ou détruire des populations entières, pour s'emparer de leurs biens : étrange manière d'étendre la civilisation, complètement en dehors de tous les droits possibles, même de celui de la guerre; d'ailleurs, la chose ne serait pas si facile que ces grands conquérans le pensent : les élémens pourraient bien combattre contre nous, et vainqueurs et vaincus seraient peut-être recouverts de la même poussière.

Soyons ce que nous prétendons être : une nation grande, puissante de force et de civilisation, qui veut marcher à tête des peuples vers un avenir meilleur; soyons conséquens à nos principes : portons la vie en Afrique, et non la mort.

Pour nous encourager à suivre cette voie, toute d'honneur, de justice et d'humanité, invoquons la puissance des souvenirs; nous serons peut-être obligés pour trouver des faits qui se rapportent directement à l'Afrique, de remonter très-loin dans les siècles écoulés. En effet, dans le moyen âge et les temps modernes, l'Afrique du vieux monde, celle que nous voulons faire revivre, toujours hostile contre l'Europe, ne figure dans l'histoire que par les agressions qu'elle a exercées. Les Espagnols et les Portugais ont, à peu près seuls des états chrétiens, posé le pied sur les rivages de la Méditerranée. Mais si dans leurs expéditions ils obtinrent de légers avantages, ils furent frappés par d'effrayans revers.

Pour trouver l'époque des succès de l'Europe contre l'Afrique, il faut remonter aux Romains, nos maîtres par le droit de l'épée, nos instituteurs par leurs lumières et leur sagesse, et nos législateurs par leurs lois ; aussi ne manque-t-on pas, quand on parle de soumettre l'Afrique, d'opposer les longues années employées par eux à la conquérir ; mais les circonstances ne sont plus les mêmes.

Des guerres longues et difficiles avaient pu seules réduire les peuples de la Numidie et de la Mauritanie, sous la domination de Carthage. Pour soutenir la guerre contre les Romains, cette ville avait tiré ses principales ressources de l'Afrique : les Romains y trouvèrent donc, en y arrivant, des peuples aguerris, le pays couvert de villes florissantes, puissantes par leur commerce, dès-lors très-civilisées. Après la chûte de Carthage, s'ils eurent à combattre des nations inférieures aux Carthaginois sous le rapport de l'industrie et des richesses, elles devaient être supérieures à Carthage, amollie par sa prospérité même, au moins par l'énergie de l'âme et la force du corps. La guerre de Jugurtha est là pour témoigner des difficultés que rencontrèrent les Romains. La Numidie et la Mauritanie virent s'élever et grandir les réputations qui couvrirent l'Italie de leur gloire et les puissances qui l'inondèrent de sang. Cependant on peut dire que la soumission de l'Afrique, est de toute les conquêtes des Romains celle à laquelle leur politique a eu le plus de part; par elle, ils surent se ménager des amis puissans et empêcher l'effet des coalitions que leurs adversaires auraient pu former.

D'ailleurs, la comparaison du gouvernement dur et sanguinaire des Carthaginois et des Numides avec l'administration des Romains, qui, s'ils traitaient cruellement leurs ennemis, ont toujours bien traité leurs amis : cette comparaison, disons-nous, a dû beaucoup contribuer à affermir leur domination en Afrique, et il est à remarquer qu'aujourd'hui une situation analogue nous présente les mêmes avantages : cette partie de l'empire fut toujours une des plus tranquilles, puisque les Romains n'y entretenaient que de douze à quinze mille hommes ; elle fut même presqu'entièrement soumise, à l'exception de quelques portions de territoire en Mauritanie, dont les habitans ne furent jamais subjugués.

Quel spectacle nous présente l'Afrique moderne ; au lieu des empires des rois de Numidie et de Mauritanie, ce sont des peuplades faibles, accoutumées de longue main à plier sous un joug de fer : sans liens communs, sans moyens pour soutenir la guerre, même sans armes pour combattre. Il est vrai que l'absence des ressources que présentaient les grandes villes détruites par la barbarie, est une difficulté, mais elle est plus que compensée par l'ensemble et l'énergie de notre organisation militaire et administrative, la supériorité de notre tactique et de nos armes.

Poursuivons donc avec courage une entreprise si glorieuse commencée sous les plus heureux auspices. Comparons les sacrifices, et nous reconnaîtrons que le premier pas des Romains sur le sol de l'Afrique fut payé au centuple de ce qu'il nous a coûté. Vraiment quand on pense que douze ou quinze années peuvent élever cette colonie à un très-haut degré de prospérité, on pourrait dire avec toute apparence de raison et de vérité, qu'elle n'aura coûté à la France, que le temps et la peine d'ouvrir le sillon qui doit féconder la terre, et d'élever l'enceinte qui doit défendre les populations.

La loi religieuse et la différence des mœurs sont au fond les plus grands obstacles ; les difficultés du terrain, la chaleur du climat, ne sont que très-secondaires dans la question. Imitons nos maîtres, respectons la loi religieuse et les mœurs ; surmontons les autres obstacles par les peuples indigènes eux-mêmes ; soyons Romains par la persévérance ; respectons les Dieux inconnus, et laissons les nations conquises s'administrer elles-mêmes : que nous importe, si elles obéissent!

NOTES.

(1) Sous le pouvoir des Turcs, les bénéfices que les Arabes et les Cabyles pouvaient faire, par la culture des terres ou l'accroissement des troupeaux, leur étaient chaque année enlevés par le tribut, pour le dey et le trésor de la régence; les exactions de l'aga et des beys gouverneurs des provinces, et de tous les exacteurs subalternes. A peine leur laissait-on le nécessaire, et le peu d'argent qu'ils pouvaient sauver était caché pour ne plus reparaître. L'accroissement de leurs richesses, d'ailleurs très-lent, ne pouvait donc contribuer sensiblement au développement de leur industrie et à l'augmentation de leur aisance.

Aujourd'hui, il est vrai, ces causes de stagnation ont disparu; mais les habitudes sont restées, et avant que l'influence d'un meilleur état de chose les ait effacées, que les richesses qu'ils accumulent se soient réparties, et qu'un désir commun généralement senti de bien-être, ne décident ces peuples à en user, on conçoit qu'en effet un siècle entier pourrait s'écouler.

Ce n'est pas sans raison que nous avons parlé de la répartition des richesses; car, à la crainte des exactions des autorités, a succédé celle du voisinage, soit sous le rapport des personnes, soit sous le rapport des tribus, à l'égard les unes des autres; et de long-temps encore, ils n'oseront se donner à connaître réciproquement leurs richesses.

On voit donc qu'il s'écoulera beaucoup plus de temps qu'il n'est possible de le prévoir, pour les amener à désirer et établir des lois protectrices de la propriété, par la seule conviction de leur utilité, la France doit donc, dans son intérêt, hâter ce moment; elle le peut, par sa domination : mais pour l'établir, il faut tracer des routes, élever des forts, bâtir des villes; et si elle veut faire tout cela avec son argent, il n'y pourra suffire; les grands travaux qui ont préparé les rapports des nations entr'elles et leur civilisation, ne se sont jamais exécutés avec de l'argent; il faut donc que l'armée et les peuples indigènes mêmes y soient employés. Le résultat payera le travail.

En parlant de faire travailler les troupes, nous avons soulevé la question sur laquelle on est le moins d'accord aujourd'hui. Il semblerait en vérité que, pour faire travailler les hommes qui viennent de quitter la charrue ou la cognée, il faille des miracles de puissance et de génie, nous savons bien que dans l'état actuel de nos armées, organisées pour ne rien faire, ou à cause de cela, on occupe le soldat à des futilités, la chose est difficile. Cependant, les soldats ont même, dans les temps modernes, exécuté de grands travaux; on est sûr d'obtenir beaucoup de leur zèle et de leur industrie, en les employant à des choses dont l'utilité leur est démontrée, et qui aient rapport à leurs besoins et à leur bien-être. Ainsi, en 1832, les Zouaves et le 67e composés de volontaires parisiens, ont élevé des camps retranchés et un très-beau baraquement. Toutes les troupes de l'armée ont travaillé avec le même zèle aux routes qui ont été tracées, et dont le but d'utilité les avait frappés. Mais quand on a voulu les employer à terminer les travaux commencés par le génie civil, abandonnés faute de fonds, il a fallu y renoncer; non pas qu'ils aient refusé; ils obéissaient, se rendaient sur le terrain, mais le travail n'avançait pas. Il n'avait pas un but qui se rattachât essentiellement aux besoins de l'armée.

Dans tous les cas, le soldat ne peut pas travailler absolument pour rien : indépendamment d'un supplément de vivres, il faut nécessairement lui allouer une petite rétribution en argent, en raison de la destruction plus prompte des effets d'habillement et de linge et chaussure.

En définitive, nous le répétons, on fera travailler le soldat lorsqu'il le fera dans son intérêt et qu'il en retirera une partie des avantages et l'honneur. L'amour-propre d'avoir fait est déjà un salaire; le dégoût de l'armée pour l'Afrique est notoire; la faire travailler *utilement* est peut-être le seul moyen de l'y attacher : il est à remarquer que les seules personnes qui aujourd'hui désirent y retourner appartenaient à l'armée expéditionnaire; pour tout autre, l'Afrique est sans passé et sans avenir.

(2) Le commerce d'Alger assure que les importations qui n'ont pas pour objet les besoins de l'armée et de la population européennes sont peu de chose. Les exportations, ajoutent-ils, n'ont pas une importance beaucoup plus grande. Cependant les produits des droits de douane, soit à l'entrée, soit à la sortie, étant augmentés dans une proportion plus forte que ne le comportait l'accroissement de la population européenne, on a lieu de croire que les relations commerciales se sont étendues.

Plusieurs des nations de l'intérieur de l'Afrique ont des rapports directs et leurs points de réunion dans cette ville. Par exemple, les Nègres de Tombouctou sont dans ce cas. On ne voit pas que jusqu'ici l'administration française ait cherché à utiliser ces circonstances, soit dans l'intérêt du commerce, soit dans celui de la science.

Mais les avantages commerciaux qui peuvent résulter de nos relations avec les peuples indigènes ne peuvent faire opérer des résultats aussi prompts que ceux qui pourraient être obtenus par l'effet des populations européennes qui viendraient occuper le sol.

Aucune entreprise agricole de quelque importance n'a été jusqu'ici tentée à Alger, si ce n'est l'exploitation de la ferme-modèle, abandonnée à la fin de 1831. Les causes qu'on assigne à cet état de stagnation sont le défaut de capitaux, la crainte que la colonie ne reste pas sous la domination française.

Quant à la défiance sur le sort futur de la colonie, on en parle plus qu'il n'y a réellement au fond d'inquiétude à ce sujet : les actes du gouvernement sont de nature à devoir rassurer complètement. Il a établi des directions des ponts-et-chaussées, des douanes, des domaines, de l'artillerie et du génie ; il fait élever des édifices, réparer les ports et les monumens publics et ouvrir des routes ; enfin, il a créé des corps militaires dont le service est spécialement affecté à l'Afrique. Tout cela n'est point d'un gouvernement qui veut renoncer au pays.

Le manque de capitaux est un motif plus réel ; mais on n'est pas d'accord sur les causes qui les éloignent : les uns l'attribuent à la méfiance sur la conservation de la colonie ; d'autres disent que les capitalistes ne veulent pas donner leur argent pour ces sortes de spéculations ; nous pensons que l'état d'inquiétude dans lequel la France est placé depuis trois ans n'a pas permis aux hommes sages d'employer leurs fonds dans des entreprises de longne haleine. D'ailleurs, la sécurité du territoire de la colonie n'a pas été assez bien établie pour permettre d'entreprendre une grande exploitation : ceci est un fait; mais la réalité de notre première supposition est d'autant plus probable, que nous avons eu l'occasion de nous assurer plusieurs fois que, pour des constructions et des entreprises agricoles, des capitaux avaient été successivement envoyés et retirés ensuite, selon que l'état politique donnait ou ôtait l'espoir de conserver la paix.

Quant à la question de donner ou de ne pas donner des capitaux plutôt pour une entreprise que pour une autre, il est de fait que l'argent se porte là où il trouve le plus de sécurité et l'intérêt le plus élevé : le spéculateur qui peut avoir quatre et demi pour cent en rentes sur l'État, sans charge aucune, ni chances probables de perte, n'entreprendra pas des défrichemens en France qui lui donneraient trois pour cent seulement; mais il enverra ses fonds en Afrique pour cet objet, s'ils doivent lui produire quinze ou vingt pour cent d'intérêt; mais il faut traverser la mer, attendre un long temps pour la réalisation des bénéfices, et cela, à une époque où le jour présent offre à peine sécurité pour le lendemain. Doit-on s'étonner que l'argent n'arrive pas ?

Les causes que nous avons indiquées, pourrait-on nous répondre, ne peuvent s'appliquer à la mise en valeur des propriétés qui environnent immédiatement Alger. Les maisons de campagne, dit-on, tombent en ruines, les jardins restent sans culture, et là, cependant, il ne faut ni de grands capitaux, ni d'efforts d'industrie pour rendre le sol productif.

La cause est néanmoins la même, les capitaux existans à Alger, suffisent à peine aux besoins du commerce et aux placemens en immeubles dans l'intérieur de la ville, qui donnent un intérêt double ou triple de celui qui pourrait être retiré de la culture; on s'est en général trompé sur la fécondité des terrains qui avoisinent Alger : en céréales, ils ne rapportent guère que sept à huit pour un. Les plantations donneraient des bénéfices plus grands, mais trop éloignés pour tenter les spéculateurs au jour, la journée. La culture des jardins ne donne des produits avantageux que par des moyens d'arrosage constamment employés. L'occupation militaire et la négligence qui en a été la suite, a laissé détruire les travaux hydrauliques. Il faudrait aujourd'hui dépenser beaucoup plus d'argent qu'il n'est raisonnable et possible de le faire pour les rétablir. Ces travaux avaient été exécutés par des esclaves, sans dépenses d'argent pour les particuliers peu aisés, pour les hommes puissans ou riches, au moyen de sommes hors de proportion avec les bénéfices qui pouvaient en être retirés.

Les personnes qui examinent spécialement les choses, s'étonnent et déplorent la destruction de huit ou neuf cents maisons de campagne qui environnent Alger; elles ne voient pas que ces restes d'une puissance qui n'est plus, doivent disparaître avec elle. Les propriétaires maures ou turcs les avaient élevées avec les produits du commerce, de la piraterie ou des exactions. Avec la prospérité des maîtres s'est évanouie la gloire des palais ; de même qu'en France avec la noblesse se sont écroulés les châteaux ; la bande noire de l'Afrique, ce sont les pluies d'hiver, et, depuis notre arrivée, l'occupation militaire. Ces maisons ont été, en général, vendues à charge de rente perpétuelle : induits en erreur par la modicité apparente du prix relativement à la valeur énorme des constructions, les spéculateurs les ont achetées avec empressement; mais la rente, quelque modique quelle soit, jointe à l'entretien, dépassant le produit possible du sol, personne ne s'est présenté pour les louer ou les acheter. Les fortunes ne sont point encore assez bien établies à Alger, pour suffire à l'entretien des maisons de luxe. Les acquéreurs primitifs se sont dégoûtés, ont cessé les dépenses d'entretien, et les maisons s'écroulent de toute part. Les terrains de celles qui sont complètement détruites, sont pour ainsi dire les seules en état de culture. Rentrées par la destruction des bâtimens dans la limite des prix des terres ordinaires, ils se sont loués ou vendus à des cultivateurs qui se font une cabane au milieu des ruines; à moins d'un accroissement très-rapide de prospérité, il en sera de même de presque toutes les autres maisons. Déjà, sous la puissance du dey, leur nombre s'en était de beaucoup réduit: on assure que dans le temps de la grande prospérité d'Alger, il s'élevait à dix-huit cents.

C'est peut-être aussi l'occasion de parler ici du projet jeté en avant, de dessécher les marais qui bordent l'Arach. La première idée qui se présente à ce sujet, c'est qu'en général on ne pense à ces sortes d'entreprises que dans le cas où les terres plus faciles à mettre en culture, viennent à manquer. Tel n'est pas l'état des choses en Afrique: la plus grande partie des terres sont à mettre en valeur; la marche naturelle serait de mettre d'abord en rapport les parties placées à une élévation moyenne, et qui, par leur nature et leur situation, tiennent le milieu entre l'aridité et la salubrité des montagnes, et la fécondité insalubre des plaines.

Dans tous les cas, ce n'est nullement par le bas Arach qu'il faut commencer: ce serait prendre le taureau par les cornes ; c'est par l'ouest d'Alger, c'est-à-dire sur les bords de la Chiffa, et vers Coleah ; d'ailleurs, le dessèchement des marais du Boufarick paraît plus facile à obtenir que celui des marais de l'Arach. De plus, l'insalubrité du terrain est moins grande. (V. la note 2.)

(3) Les fièvres qui, chaque année, désolent les environs d'Alger, commencent ordinairement dans la première quinzaine de juin ; elles s'affaiblissent vers la fin de septembre, et s'arrêtent aux premières pluies.

Elles se manifestent d'abord à la Maison-Carrée ; elles gagnent ensuite la ferme-modèle, et s'avancent par le bord de la mer sur Alger. C'est la direction dans laquelle elles en approchent le plus. Elles s'élèvent et se dirigent ensuite vers Kouba, qu'elles n'atteignent pas ; et sur Berkadem, où s'arrêtent leurs derniers efforts. Elles se manifestent de même dans toute la plaine qui sépare les collines d'Alger des premières chaînes de l'Atlas, et jusque vers Blida et Coleah, qui n'en sont pas toujours exempts. Il paraît que les bords de la Chiffa et les collines à l'orient de Coleah en sont rarement atteints. Elles se déclarent aussi dans les plaines de Staouli et de Sidi-Ferruch, où cependant les influences de la Metidja ne peuvent arriver directement, et ne peuvent pénétrer que par la vallée du Mazafrau.

La direction imprimée aux émanations de la plaine, en fait ressentir les effets bien plus du côté d'Alger que vers l'Atlas. Les cultures et les populations descendent de la montagne et s'avancent assez loin dans la plaine, tandis qu'en venant d'Alger, les unes et les autres s'arrêtent long-temps avant d'y arriver. Le cours de l'Arach est plus rapproché des collines d'Alger.

Il paraît aussi que les malignes influences s'affaiblissent dans les parties basses, où elles se déclarent dans le principe, à mesure qu'elles gagnent du terrain : ainsi, en 1831, la maladie était encore dans toute son intensité à la Ferme, que déjà le séjour de la Maison-carrée avait perdu une partie de son danger. Cette observation n'a pu être répétée en 1832, ces deux postes ayant été abandonnés. De cette circonstance et de l'existence de la fièvre dans les plaines de Staouli et de Sidi-Ferruch et de quelques autres petites vallées, on pourrait conclure qu'indépendamment des miasmes qui s'élèvent de la Metidja, diverses parties du territoire d'Alger ne sont pas tout-à-fait exemptes d'insalubrité.

Quant aux effets de la maladie, la série des observations que nous avons faites, pendant le mois d'août 1832, en donnera une juste idée.

Indépendamment d'Alger et des forts qui en dépendent, des casernes et des cantonnemens de Mustapha-Pacha, à l'est de la ville, les postes occupés par les troupes étaient à cette époque, en commençant par la droite, à l'est de la ville ; le Boudjareah, Dely-Ibrahim, Tixéraïne, Berkadem, le camp temporaire de Kouba, au-dessous des hauteurs de ce nom, et de Loufferia, en arrière de la Maison-carrée. Ces divers camps fournissaient des gardes dans les blockhauss, qui, depuis l'Oued-el-Kerma, garnissent la ligne et ont vue sur l'Arach. Les troupes restaient dans ces camps trente jours consécutifs. Les postes des blockhauss étaient relevés tous les jours.

Dès avant le mois d'août, on avait été obligé d'abandonner successivement le camp, dit des Figuiers, en arrière de la Ferme : celui retranché de Kouba, placé beaucoup au-dessous du camp temporaire, précédemment désigné sous ce nom; enfin celui, aussi temporaire, qui avait été établi intermédiairement entre le camp retranché de Kouba et la Maison-carrée.

A Alger, et les forts qui en dépendent, ainsi qu'au Boudjareah et Dely-Ibrahim, les effets de l'insalubrité ne se sont pas fait sentir, au moins sensiblement.

A Mustapha-Pacha, la fièvre s'est manifestée, mais elle est restée stationnaire pendant tout le mois d'août : nous avons calculé avec la plus grande exactitude que pour les troupes qui n'avaient pas encore été aux avant-postes, sur cent hommes, il en tombait malade un et tiers l'un dans l'autre par jour, c'est-à-dire quatre pour trois jours.

Au camp de Tixéraïne, la proportion a été moins grande; pendant les dix premiers jours du séjour des troupes, elle était de deux tiers d'homme par jour sur cent, c'est-à-dire de deux hommes en trois jours. Dans la deuxième dixaine, la proportion était tombée à moins d'un homme pour deux jours, et dans les dix derniers jours du mois, elle était montée à trois quarts par jour, c'est-à-dire à trois hommes en quatre jours.

La perte un peu plus forte dans les dix premiers jours s'explique par les hommes malingres qui avaient voulu suivre et sont rentrés immédiatement : et l'augmentation des dix derniers jours, par l'influence du long séjour au camp. Dans les derniers temps, le terme de trente jours ayant été dépassé, et les bataillons qui déjà avaient occupé ce poste, l'ayant repris, l'effet de la maladie a été beaucoup plus prononcé.

A Berkadem, dans les dix premiers jours, il tombait un homme malade en deux jours, toujours sur cent hommes : dans la seconde dixaine, presque deux hommes par jour, et dans la dernière dixaine presque trois hommes par jour.

Au camp temporaire de Kouba, les premiers dix jours d'août ont donné deux tiers de malade par jour sur cent hommes, c'est-à-dire deux hommes pour trois jours: dans la deuxième, trois quarts : dans la troisième, un homme trois quarts, c'est-à-dire, sept hommes tombaient malades en quatre jours.

A Loufferia, dans la première dixaine, la moyenne était de deux hommes pour trois jours: dans la seconde, de deux hommes un tiers, c'est-à-dire de sept hommes en trois jours. Enfin, dans les dix derniers jours, le nombre d'hommes qui tombaient malades chaque jour sur cent, était au delà de cinq, c'est-à-dire cinquante-et-un hommes en dix jours.

Maintenant si nous considérons les effets de la maladie dans sa gradation d'intensité, nous remarquerons que, excepté pour les points de Mustapha-Pacha et de Tixéraïne, où elle est restée stationnaire, la proportion des malades s'est triplée, quadruplée et même presque décuplée dans quelques localités, en raison du nombre de jours que les troupes y sont restées; on avait cru en outre remarquer, en 1831, que, au moment où la maladie commençait à se déclarer avec quelque force, il n'était plus temps de retirer les troupes pour en arrêter les effets. Cette observation, qui depuis a été complètement confirmée par l'expérience, avait déterminé le général Berthezène à borner à cinq jours la durée du service aux avant-postes. Les corps qui prirent le service à ce moment souffrirent beaucoup moins de l'effet de la maladie; ainsi le 30e régiment avait eu mille huit cents malades sur un effectif de deux mille deux cents hommes; tandis que le 67e, qui fut appelé à le relever, suivant les nouvelles dispositions, n'eut que les deux cinquièmes de ses hommes attaqués de la maladie, bien que l'espèce en fût plus faible, moins habituée aux fatigues et au climat. Cependant, en 1831, la Ferme et la Maison-carrée ne furent pas abandonnées un seul moment.

Maintenant, si on considère les divers postes dont nous avons parlé, sous le rapport de leur position topographique, on remarquera que la force de la maladie a été, en raison inverse de leur élévation, au-dessus du niveau de la mer. La hauteur respective de ces postes est graduée ainsi qu'il suit :

1° Le Boudjareah; 2° Dely Ibrahim ; 3° Tixéraïne; 4° le camp temporaire de Kouba; 5° Berkadem; 6° Loufferia.

Les brouillards qui s'élèvent de la plaine n'arrivent presque jamais jusqu'à Dely-Ibrahim; encore moins jusqu'au Boudjareah ;ils se dissipent à Tixéraïne de quatre à cinq heures du matin; à la même heure, et souvent plutôt, sur les hauteurs de Kouba; de cinq à six heures au camp temporaire de Kouba, de six à sept à Berkadem, de sept à huit au camp retranché de Kouba, de huit à neuf au camp des Figuiers, en arrière de la Ferme, et celui intermédiaire entre le camp retraché de Kouba et la Maison-carrée, et enfin celui de Loufferia.

Nous ignorons si M. le duc de Rovigo a eu connaissance directe ou indirecte des notes qui furent remises au commencement de 1832 à M. le maréchal ministre de la guerre, sur les positions qu'il convenait de faire prendre aux troupes, en dehors d'Alger; mais il est certain qu'il y a une grande similitude dans les positions qu'il a prises, et celles que le général Berthezène se proposait d'adopter;

toutefois, il a fait occuper, vers la ferme et la Maison-carrée, beaucoup plus de terrain que son prédécesseur ne l'eût fait, et ne s'est pas avancé à l'ouest d'Alger.

C'était tout à la fois commettre une faute contre la raison militaire et l'intérêt de la conservation des troupes. Sans doute l'intention de M. le duc de Rovigo était de rendre sa position plus forte; de fait, il la rendait plus faible et compromettait la santé du soldat.

Si l'avis émis dans les notes présentées à M. le maréchal ministre de la guerre eût prévalu, les troupes n'eussent pas dépassé vers la Maison-carrée et la Ferme, si ce n'est par quelques postes détachés.

1° Les hauteurs qui sont à la gauche du café de Kouba et d'où l'on découvre la mer et tous les postes qu'on occupe aujourd'hui à la réserve de Dely-Ibrahim.

2° La première hauteur au-delà de Berkadem avant d'arriver à la manutention qu'on a établie en 1832.

La plus grande extension donnée à notre ligne eût été à l'ouest d'Alger dans la direction de Dely-Ibrahim à Blida, c'est-à-dire vers Duera. C'est enfin à cette pensée qu'on est revenu pour 1833.

Ces dispositions étaient parfaitement d'accord avec les règles militaires et l'intérêt sanitaire des troupes.

La plupart des faits contenus dans cette note, et les renseignemens qu'elle renferme, étaient connus dès la fin de 1831; et si les uns et les autres n'ont pas été mis à profit en 1832, c'est qu'on n'a pas voulu.

De cette confiance en soi-même, et de ce dédain pour l'expérience des prédécesseurs, il en est résulté, en 1832, vingt-trois mille entrées à l'hôpital, mille sept cents morts; des travaux considérables exécutés, qui sont à recommencer sur d'autres points.

Il est encore utile de faire observer que, de l'effectif de 1,500 hommes, il faut retrancher les troupes qui sont constamment restées à Alger, savoir le 4e régiment d'infanterie de ligne, partie des corps spéciaux et l'administration; ainsi, la proportion de la mortalité doit se calculer sur douze mille hommes seulement, ce qui donne une mortalité de quatorze seizièmes pour cent, c'est-à-dire du sixième au septième. D'après cela, on peut nous accorder que l'armée d'Afrique fait la guerre.

(4) Le massacre des vingt-neuf hommes de la légion étrangère eut lieu du fait des cavaliers des tribus de l'Ysser et des Amraoua. La tribu d'El-Krachna, sur le territoire de laquelle cet acte d'hostilité avait été commis, n'y prit aucune part ; il est probable qu'elle s'y fût opposée, si elle eût pensé pouvoir le faire sans danger, et avec la certitude de notre protection pour repousser les agressions qui eussent été la suite nécessaire de cette conduite.

Le vol qui donna lieu à l'attaque dirigée sur la tribu d'El-Ouffia fut effectué par des hommes de cette tribu, joints à d'autres de celle d'El-Krachna et de Beni-Moussa, sans que les chefs de ces tribus y eussent pris une part active ; on assure même qu'ils l'ont ignoré ; on sait que le scheick d'El-Ouffia a été exécuté. Ces sortes de confédérations, ou plutôt de complots, entre des hommes de diverses tribus, pour des motifs de guerre ou de brigandage quelconque, ne sont pas très-rare.

(5) Après le combat de Boufareck, les habitans de Blida tardèrent encore à envoyer leur soumission ; toutefois ils se donnèrent pour chefs les scheiks Massaoud et Arbi-ben-Moussa ; le premier de ces deux hommes était connu pour être un agent très-actif du général en chef. Dans le commencement des hostilités, il avait continué de venir à Alger ; plus tard, il cessa ses voyages, mais il avait écrit au général en chef pour protester de sa fidélité. Il est donc à présumer qu'en le choisissant pour scheick, les habitans de Blida pensaient se donner un appui et des chances de succès auprès du duc de Rovigo. Cependant, pour plus de garantie, ils s'adressèrent encore au chef de la tribu d'El-Krachna. Le général en chef *consentit, à sa considération*, à recevoir la députation de Blida, et *à la laisser retourner*.

Les deux scheicks Massaoud et Arbi-ben-Moussa furent, dit le *Moniteur algérien*, accusés pendant qu'ils étaient à Alger, d'avoir l'arrière-pensée de ne pas tenir les engagemens qu'ils prendraient; on ajoutait que si ces chefs *auxquels le général en chef avait donné tant d'argent*, ne prenaient pas de meilleurs sentimens, il n'y avait pas à espérer de fidélité de la part de Blida. Ces chefs étaient, dit encore le *Moniteur algérien*, les assassins des soixante artilleurs tués, lors de l'expédition du général Clauzel. (Il était bien tard pour l'apprendre.)

Le général en chef fit toutes ses dispositions (la gendarmerie fut cachée près de la salle d'audience); il demanda ensuite au chef d'El-Krachna, s'il avait déclaré aux gens de Blida qu'ils auraient à donner au général en chef *une satisfaction personnelle*. S'il voulait être leur caution; ce scheick le pria de l'en dispenser. Alors, lui dit le général en chef, *je vous retire ma parole*. Il rentra dans le salon, où était la députation; *je vais garder ici des ôtages*, dit-il, les scheicks Massaoude et Arbi-ben-Moussa. Si vous *exécutez mes ordres, ils seront mis en liberté*. Massaoude et Arbi-ben-Moussa ont été traduits devant un conseil de guerre, condamnés et exécutés. Leurs amis ont pris les armes, ont brûlé la maison du chef d'El-Krachna, pris ses troupeaux, ses femmes, ses enfans; il a été trop heureux de se sauver à Alger.

NOTA. Les mots en italiques sont textuellement extraits du *Moniteur algérien*, du 17 novembre 1832.

(6) L'exil d'Abouderba, fut déterminé par son opposition à l'impôt des laines; l'impôt fut désapprouvé, et l'exilé est resté exilé, la raison politique le voulant ainsi; c'est-à-dire l'honneur et le maintien de l'autorité du gé-

néral en chef. Les hommes qui avaient eu quelque crédit sous les prédécesseurs, furent également éloignés. Mustapha-ben-Omar, institué bey de Tittery, par M. le maréchal Clausel, fut victime de cette susceptibilité; cependant, nul maure d'Alger n'avait autant mérité du gouvernement français; non-seulement jamais sa fidélité n'avait été soupçonnée, mais seul, parmi les grands du pays, il s'est toujours montré au milieu de nous, dans les diverses expéditions militaires, exécutées sous le commandement du général Berthezène. S'il n'en a pas été de même sous son successeur, on ne peut en accuser le zèle de Mustapha; il fut toujours repoussé lorsqu'il s'est présenté; la décoration demandée ne lui a pas été accordée, et son traitement lui a été retiré.

(7) Dès le commencement de novembre 1831, M. le général Berthezène s'était décidé à envoyer un officier général en mission près de M. le maréchal ministre de la guerre; il réalisa ce projet dans les premiers jours de décembre; mais il était trop tard. A ce moment, M. le duc de Rovigo était nommé; M. Casimir Perrier avait attiré à lui la direction générale des affaires de la colonie, en sorte que la mission de cet officier général n'eut aucun résultat important; il remit cependant un mémoire, mais purement militaire, excepté pour la question de la séparation des pouvoirs civils et militaires, qu'il était chargé de combattre. Voici quelles étaient les instructions qu'il avait reçues :

1° De rendre compte de l'état de la colonie sous les rapports civils et militaires;

2° De demander quelques modifications dans l'organisation et le personnel de l'état-major de l'armée, et des administrations;

3° De s'opposer à la séparation des pouvoirs civils et militaires, et de demander la formation d'un conseil supérieur de la colonie;

4° De provoquer la réorganisation des cours de justice, régulariser leur existence et leur juridiction, ainsi que les formes de procéder devant elles;

5° Faire connaître la position de l'armée, son état moral et sanitaire, sa discipline et ses besoins.

6° De faire connaître et discuter au besoin, les projets vers lesquels le général en chef avait porté ses vues pour l'année 1832.

7° De donner des renseignemens sur l'état du pays, et de répondre en général à toutes les questions qui pourraient lui être adressées, sur la marche des opérations militaires et celles de colonisation; de convenir et d'arrêter ce qui pourrait entrer dans les vues du gouvernement, à l'égard de ces deux objets.

(8) Dans les conditions qui seraient stipulées avec les tribus, indépendamment des obligations du service militaire des tributs en argent ou en nature, des prestations ou convois pour le service des transports et les travaux, on pourrait leur imposer une cession de territoire et droit de pacage. Les deys et les agas n'en usaient pas autrement; ainsi, Yaya, aga, a fait transporter et élever en grande partie la Maison-Carrée par corvées imposées. les Arabes venant au marché étaient obligés de faire un voyage avec leurs bêtes de somme avant de passer l'Arach, et on assure que plusieurs d'entre eux qui étaient parvenus près d'Alger sans avoir rempli leur tâche, ont

été arrêtés, forcés de décharger leurs bêtes pour aller l'accomplir, et sont venus prendre leurs marchandises pour les vendre ensuite au marché.

La ferme dite de l'Aga au-delà de Blida, et qui nous a servi de station dans nos marches sur Médiah, avait été bâtie de même, et sur des terrains cédés par la tribu des Mouzaya, depuis l'expédition du général Berthezène ces derniers en ont rasé les murailles, et ont repris les terres.

(9) Les troupes de la régence d'Alger étaient, 1° les janissaires, fantassins turcs; 2° les spahis, cavaliers demeurant habituellement chez eux, exempts d'impôts, et prêts à combattre quand ils étaient appelés; 3° les serdjas ne différant des spahis qu'en ce qu'ils étaient spécialement affectés à la garde et au service des fermes, troupeaux, haras, etc. du gouvernement; 4° les lazaras, fantassins adjoints aux serdjas et faisant dans les expéditions un service domestique auprès des Turcs; 5° les colourlis l'ouedzitoun, population guerrière renommée par sa bravoure et son adresse dans le combat, et assimilée aux janissaires, excepté qu'ils demeuraient dans leurs foyers quand on n'avait pas besoin d'eux; 6° les halids, colonies de cavaliers noirs placées aux débouchés des montagnes, les plus à craindre; 7° les marins comptant des hommes de toutes les nations.

Les grands de l'état d'Alger après le pacha, étaient dans l'ordre de leur importance: le trésorier, l'aga, le chargé des chevaux, le chef de la marine et les beys.

Les troupes étaient divisées entre ces autorités, de manière à ce que chacune réagit sur les autres au profit du pacha. Les janissaires et colourlis dépendaient du trésorier, les spahis et les halids dépendaient de l'aga, aux environs d'Alger, et des beys pour le reste; les serdjas et les lazaras étaient au chargé des chevaux, et les marins au chef de la marine.

Chaque bey avait en outre de ses cavaliers, des turcs; mais pour que ceux-ci qui faisaient la base de la puissance ne pussent pas trop s'attacher à eux, le service était réglé de façon que chaque soldat tenait garnison successivement à Alger, Oran, Média et Constantine.

L'aga réunissait chaque année, à l'époque de la rentrée des contributions, des corps de troupes avec lesquels il faisait des tournées. Il en était de même des beys.

Dans ces tournées, l'aga avait droit de faire exécuter de suite ceux qu'il condamnait à mort. A Alger, il devait au préalable consulter le pacha.

ERRATA.

Page viij, premier alinéa, ligne 3, chapitre VI, *au lieu de* chap. VIII.

Page 20, lig. 9, de Rovigo, *au lieu de* Rovigo.

Page 34, lig. 16, quelque acte, *au lieu de* quelques actes.

Page 59, lig. 10, qui le lie, *au lieu de* qui les lient.

Page 68, lig. 13, à la tête, *au lieu de* à tête.

(2e note) page 75, lig. 4, ajoute-t-il, *au lieu de* ajoutent-ils.

Page 76, lig. 6, espérer, *au lieu de* opérer. Ligne 8, cultiver, *au lieu de* occuper.

Page 78, lig. 19, légèrement, *au lieu de* spécialement.

Page 79, lig. 12, seuls, *au lieu de* seules.

Page 80, lig. 5, note 3, *au lieu de* note 2.

Note 3, 81, lig. 20, on est, *au lieu de* est.

Page 86, lig. 2, 15,000 hommes, *au lieu de* 1,500 hommes.

Lig. 7, quatorze seize centièmes, *au lieu de* quatorze seizième.

Note 5, Bonfarick, *au lieu de* Boufareck.

Note 8 page 90, lig. 7, a fait transporter les matériaux et élever, *au lieu de* a fait transporter et élever. Lig. 9, venants, *au lieu de* venant.

www.ingramcontent.com/pod-product-compliance
Ingram Content Group UK Ltd.
Pitfield, Milton Keynes, MK11 3LW, UK
UKHW031924260826
14628UKWH00003B/1402

9 782013 259798